U0057572

影視史學

Historiophoty

張廣智／著

孟　樊／策劃

出版緣起

社會如同個人，個人的知識涵養如何，正可以表現出他有多少的「文化水平」（大陸的用語）；同理，一個社會到底擁有多少「文化水平」，亦可以從它的組成分子的知識能力上窺知。衆所皆知，經濟蓬勃發展，物質生活改善，並不必然意味著這樣的社會在「文化水平」上也跟著成比例的水漲船高，以台灣社會目前在這方面的表現上來看，就是這種說法的最佳實例，正因爲如此，才令有識之士憂心。

這便是我們——特別是站在一個出版者的立場——所要擔憂的問題：「經濟的富裕是否也使台灣人民的知識能力隨之提昇了？」答案

恐怕是不太樂觀的。正因爲如此，像《文化手邊冊》這樣的叢書才值得出版，也應該受到重視。蓋一個社會的「文化水平」既然可以從其成員的知識能力（廣而言之，還包括文藝涵養）上測知，而決定社會成員的知識能力及文藝涵養兩項至爲重要的因素，厥爲成員亦即民衆的閱讀習慣以及出版（書報雜誌）的質與量，這兩項因素雖互爲影響，但顯然後者實居主動的角色，換言之，一個社會的出版事業發達與否，以及它在出版質量上的成績如何，間接影響到它的「文化水平」的表現。

那麼我們要繼續追問的是：我們的出版業究竟繳出了什麼樣的成績單？以圖書出版來講，我們到底出版了那些書？這個問題的答案恐怕如前一樣也不怎麼樂觀。近年來的圖書出版業，受到市場的影響，逐利風氣甚盛，出版量雖然年年爬昇，但出版的品質卻令人操心；有鑑於此，一些出版同業爲了改善出版圖書的品質，進而提昇國人的知識能力，近幾年內前後也陸陸續續推出不少性屬「硬調」的理論叢書。

這些理論叢書的出現，配合國內日益改革與開放的步調，的確令人一新耳目，亦有助於讀書風氣的改善。然而，細察這些「硬調」書籍的出版與流傳，其中存在著不少問題。首先，這些書絕大多數都屬「舶來品」，不是從歐美「進口」，便是自日本飄洋過海而來，換言之，這些書多半是西書的譯著。其次，這些書亦多屬「大部頭」著作，雖是經典名著，長篇累牘，則難以卒睹。由於不是國人的著作的關係，便會產生下列三種狀況：其一，譯筆式的行文，讀來頗有不暢之感，增加瞭解上的難度；其二，書中闡述的內容，來自於不同的歷史與文化背景，如果國人對西方（日本）的背景知識不夠的話，也會使閱讀的困難度增加不少；其三，書的選題不盡然切合本地讀者的需要，自然也難以引起適度的關注。至於長篇累牘的「大部頭」著作，則嚇走了原本有心一讀的讀者，更不適合作為提昇國人知識能力的敲門磚。

基於此故，始有《文化手邊冊》叢書出版

之議，希望藉此叢書的出版，能提昇國人的知識能力，並改善淺薄的讀書風氣，而其初衷即針對上述諸項缺失而發，一來這些書文字精簡扼要，每本約在六至七萬字之間，不對一般讀者形成龐大的閱讀壓力，期能以言簡意賅的寫作方式，提綱挈領地將一門知識、一種概念或某一現象（運動）介紹給國人，打開知識進階的大門；二來叢書的選題乃依據國人的需要而設計，切合本地讀者的胃口，也兼顧到中西不同背景的差異；三來這些書原則上均由本國學者專家親自執筆，可避免譯筆的詰屈聱牙，文字通曉流暢，可讀性高。更因為它以手冊型的小開本方式推出，便於攜帶，可當案頭書讀，可當床頭書看，亦可隨手攜帶瀏覽。從另一方面看，《文化手邊冊》可以視為某類型的專業辭典或百科全書式的分冊導讀。

我們不諱言這套集結國人心血結晶的叢書本身所具備的使命感，企盼不管是有心還是無心的讀者，都能來「一親她的芳澤」，進而藉此提昇台灣社會的「文化水平」，在經濟長足發展之餘，在生活條件改善之餘，在國民所得逐日上昇之餘，能因國人「文化水平」的提昇，而洗雪洋人對我們「富裕的貧窮」及「貪婪之島」之譏。無論如何，《文化手邊冊》是屬於你和我的。

孟樊

一九九三年二月於台北

序　言

在古希臘神話中，由「衆神之父」宙斯與記憶女神謨涅摩辛結合，生下了文藝女神繆斯。繆斯女神是一個姊妹群體，她們年華似錦，容顏美麗，神情高雅；她們宿洞穴，飲清泉，聚山林，善歌善舞，追逐嬉笑，好不逍遙自在。

公元前八至七世紀之交，詩人赫西俄德（Hesiod）定繆斯女神爲九位，其中司歷史的克麗奧女神（Clio）居衆繆斯之首。自此開始，在後世西方作家的筆下，克麗奧已被衍化爲歷史的或歷史學的代名詞了。

西方史家之源可以上溯到克麗奧時代。克麗奧女神自邈遠的上古時代向我們姍姍走來，只見她抹去年代的印痕抖落歲月的塵埃，正楚楚動人地向我們走來，向二十世紀九〇年代的史壇走來……。

自二十世紀下半葉以來，時代轉變與迴旋的速度之快，的確令人目迷五色，應接不暇。在這種社會轉型與文化轉變的時代，縱覽當代史坊，流派紛呈，思潮迭出，名著璀璨，史家輩出，而歷史學領域的無限拓寬，繁衍了許多史家新品種與新門類，由現代影視技術與歷史學這一古老學科的「交叉」與「嫁接」而產生的「影視史學」(historiophoty) 不就是古希臘歷史女神的「轉世投胎」，不就是克麗奧的當代形象嗎？

影視史學作爲現當代西方史學的一個新品種，它發端於美國。早在八〇年代初，美國史學界舉行過歷史題材影視片史學價值問題的討論，遂爭議蜂起，迄至1988年，美國歷史學家海登•懷特 (Hayden White) 提出與首創了「影視史學」這個新名詞。這種討論在美國之外，也激起了回響。在海峽兩岸，先後在台灣學術界和大陸學人中引發了討論，對影視史學作出了一種積極的回應。事實證明，積極引入西方史學及其最新成就，有利於開拓歷史學家的視野，有利於取其之長而補己之短，有利於更新與改造固有的史學典範，發展現代新史學；總之，開展對影視史學的研究，也不失爲是海峽兩岸學人共同要探討的一個學術文化的課題。

影視史學是當代史家大家族中的一個新生兒，是一個全新的史學新門類。它需要探討的問題很多，在這裡，我初步想到的有以下一些：

1.影視史學產生的學科動因與時代動因，它的發端及其傳播。

2.影視史學從它的出現之日起，就構成了對書寫史學的挑戰，它比後者具有更強烈的感染力、表現力和吸引力。

3.如何從大量的影像視覺的資料中，辨別眞僞，以探析歷史的眞相，尋求眞實的歷史；如何把歷史眞實性與藝術眞實性有機地結合起來。

4.如何用現代影視手段來促進學校的歷史

教學，進而促進國民的歷史教育，以提高全民族的素質。

5.提倡影視史學，未必一定要排斥書寫史學，這兩者的關係應當是互補的，而不是對立的。

6.提倡影視史學，從縱、橫兩方面來分析，它既是古老歷史學科的現代產兒，也是現代新學科樹幹上長出的一株新枝椏。

7.影視史學具有廣闊的發展前景，雖則奠立它的學科地位還要走一段不算太短的路。

關於本書的寫作，在這裡，我有兩點需要向讀者交待：

第一，影視史學中的「影視」應包含多方面的含義，不全是指電影與電視（書中另有討論）。但爲了論意集中，本書以影片，特別是以歷史影片「鴉片戰爭」爲主要討論對象。在懷特關於影視史學的那篇文章中，主要說的也是「電影話語」。就筆者看來，由大陸著名導演謝晉執導的「鴉片戰爭」，用之於討論前述影視史學所要涉及的幾個方面，對廣大讀者，尤其是對海峽兩岸觀看過這部歷史巨片的廣大觀衆來說，也許是很合適的。

第二，我涉獵影視史學不久，學識淺薄，孤陋寡聞，特別是在先行的台灣學者面前，有點自不量力，可謂是班門弄斧而已。不過，孟樊兄約我寫這本小書，也可以讓人們看出，從一個大陸學者的視角是如何看待這個「洋玩藝」，這或許可與台灣學界同仁的高論相互補充，對於史學文化的發展，也可能是不無助益的吧！

我的這本小書，旨在向社會傳遞當代文化的一種最新訊息，以開拓讀者諸君的視域，增長一點見識，並爲有志者進一步研究影視史學作引玉之磚，倘如是，則就是我最大的滿足了。

張廣智

目　錄

第一章
影視史學的興起

影視史學興起於八〇年代後期，就其社會的大衆文化層面而言，其空間傳播的速度並不迅達。在現時代，西方新史學，諸如心理史學、比較史學、計量史學等等，不僅盛傳在書齋，而且也流行於坊間，相比之下，「影視史學」這個名詞，由於它的晚出，人們對它可能還比較陌生。在這裡，有必要對影視史學的出現及其產生的歷史背景作一點介紹。

一、一個新概念

在現時代，作爲一種文化工業，電影與電視獲得了長足的進步。電影與電視的發展，給現代社會的精神文化帶來了不小的衝擊，也對歷史學產生了深刻的影響，以美國爲例，據有關調查資料表明，大多數美國人所接受的歷史知識是從歷史題材的影視片中得來的，對此，格爾達•勒納 (Gerda Lerner)曾在美國歷史學家組織一九八二年度的年會上發表的主席演說中，這樣說道：

> 電影和電視深刻影響了人們與歷史的關係，這一點在近幾十年裡最爲明顯。
>
> ——《歷史學的必要性與職業史學家》

因此，自八〇年代初以來，歷史影視片越來越受到了一部分歷史學家的關注，導致這一現象的直接原因至少有三：

首先，對歷史的認識發生了變化。傳統史學的任務，正如現代歷史學家傅斯年所說：「近代的歷史學只是史料學，利用自然科學供給我們的一切工具，整理一切可逢著的史料。」(《國立中央研究院歷史語言研究所集刊》第一冊）但現代新史學家，對此發生了動搖，那種把歷史僅視爲過去時代的一種反映、那種認爲可以透過蒐集到的第一手史料就可以還原歷史與寫出眞實可靠的歷史的想法，在不少歷史學家中產生了與日俱增的懷疑。在一部分歷史學家中，歷史已不再是一種純學術的書齋式的個人研究行爲，而是一種帶有自己主體價值觀念與現實緊密相聯的社會行爲。

其次，對歷史影片的分析，不僅要知道故事發生的背景，而且還應瞭解各種元素被組合在一起的方式（影片的剪輯過程）。但是，正如法國歷史學家皮埃爾・索蘭所說，對歷史題材影片的分析在很大程度上被符號學家的研究工作改觀了，他們急於想知道的是，那些各自看來幾乎沒有意義的單獨的符號在被組合起來之後是如何產生意義的；而歷史學家則不同，他們對符號被組合起來之後的結果及其社會影響更感興趣。(歷史學家用作研究工具的歷史影片）旣然如此，歷史學家沒有必要置之度外。

最後，歷史影片已越來越多地受到了人們的青睞，對此作出正確的輿論指導，看來已成爲歷史學家的題中應有之義了。

但是，歷史影視片中的虛構與眞實常常是雜糅在一起眞假莫辨，虛實難分，從而可能誤導觀衆，誤把虛謬作爲信史來傳揚，這一點更令一部分歷史學家深感焦慮與不安。正是在這樣的情況下，一九八八年十二月海登・懷特在《美國歷史評論》上發表了〈書寫史學與影視史學〉(*Historiography and Historiophoty*)一文，首先提出了迄今爲止那個已被不少人所沿用的「影視史學」這個「經典性」的定義。在我們看來，這篇文章至少有以下幾點應引起衆人的注意：

1.關於影視史學的定義。在〈書寫史學與影視史學〉這篇文章中，懷特杜撰了一個與「書寫史學」(Historiography) 相對應的新詞「Historiophoty」,中譯爲「影視史學」。在這裡,所謂「書寫史學」,指的是口傳的意象以及書寫的話語所傳達的歷史，而影視史學則是指透過視覺影像和電影話語傳達歷史以及我們對歷史的見解。

2.電影 (或電視) 的確比書寫史學更能表現某些歷史現象，例如，風光景物、環境氣氛以及複雜多變的衝突、戰爭、群衆、情緒等等。

3.選擇以視覺影像傳達歷史文件、歷史人物、歷史過程,也就決定了它所用的「詞彙」、「文法」和「句法」,這與透過書寫或語言所揭櫫的是大異其趣的。影像的證據，尤其是電影和照片，是重塑（重現）某些歷史情境的基本證據，它比單獨使用書寫的或語言的證據更確實可靠。

4.任何歷史作品不論是視覺的或書寫的，都無法將有意陳述的歷史事件或場景，完整地或大部分地傳眞出來，即使連歷史上任何一件小事也無法全盤重現。

5.書寫史學與影視史學之差別在於傳播媒體的不同，一是書寫的，另一是影像視覺的；兩者相同的是，都得經過濃縮、移位、象徵與修飾的過程；不論是以敍述見長的歷史影片或者以分析取勝的歷史作品，都難免有「虛構」的成分，專著性的歷史論文其建構或「塑造」的成分並不亞於歷史影片。兩者都有其共同的局限性。

6.有人說，以影片描述歷史事件時，既無法作注解、下定義，也難以提出反對或批判的意見。這種假設，原則上純屬無稽之談。我們看不出任何法則足以妨礙歷史影片完成上述的幾種功能。

7.通常討論歷史影片時，多半認爲有難以彌補的虛構本質。人們之所以持有這種看法，是因爲未能將實驗或前衛性的電影考慮在內。對於實驗或前衛電影的製作人而言，論述中分析的功能一向比那種說「故事的」更爲迫切重要。

對上述懷特氏的這些言論，見仁見智，自

當別論。最值得一議的是第一點他所提出的影視史學的那個「經典性」的定義。在這個定義中，他言簡意賅地揭示了影視史學的特點，同時也釐清了它與書寫史學的界限。但是，我們切不可望文生義，影視史學不僅僅是電影、電視等新媒體與歷史相交滙的產物，正如台灣學者周樑楷所說，這個名詞所勾畫出的視覺影像（簡稱影視），還應包含各種視覺影像，凡是靜態平面的照相和圖畫，立體造型的雕塑、建築、圖像等，都屬於這個範疇，從遠溯到古代世界各地的岩畫，到最現代的電影、電視及電腦中的「視覺現實」(visual reality)，凡是所有影像視覺的媒體和圖像，只要能呈現某種歷史論述，都是影視史學所要研究的對象（《影視史學與歷史思維》）。周氏之論甚是。不過，懷特在這個定義中所強調的視覺影像，明顯地突出了電影的重要性，而晚近以來，美國歷史學家所關注的也恰恰是歷史影片的史學價值的問題，本書之所以選擇歷史影片「鴉片戰爭」爲討論中心，旁及其他，不只是考慮到讀者對象，另一方面也是囿於筆者的學識，並不反映筆者對影視史學定義的全部認識。

二、媒體革命

由電影發端的媒體革命是現代社會的產物，也是二十世紀時代的投影。

影視史學的萌發與興起，有賴於媒體革命，有賴於現代科學技術的發明創造，尤其是有賴於現代傳播技術的高度發展。始於世紀之初的傳播媒體革命是導致產生影視史學的前提條件。

一百多年前，即在一八九五年十二月二十八日，法國人盧米埃兄弟在巴黎放映了「火車到站」、「嬰兒的午餐」、「盧米埃工廠的大門」等短片，於是向世人宣告：電影誕生了，電影藝術出現了。

一九二五年，英國人貝爾德發明了機械電視，並於一九二六年一月在倫敦舉行了第一次公開表演。一九三六年十一月，英國開始定期播出電視節目，此舉宣告了電視的發明。

一九五六年發明了錄影機。自此，影、視、錄三分影像世界之天下，它們之間相互競爭，相互滲透，乃至出現了共存共榮的局面。

媒體革命在當代（五〇年代以後）以更快捷的步伐前進著：

電影在經歷了從無聲片到有聲片，從黑白影片到彩色影片之後，隨著新的電影技術的進一步提高，諸如環幕電影、球幕電影、立體電影、動感電影及至全息電影、味覺電影等五花八門的各類銀幕電影正陸續見世。

一九五四年美國試驗成功了彩色電視，七〇年代開始又出現了衛星電視傳播，美國率先發射「同步靜止衛星」，使電視打破國別與地區的界限，寰球的人們可以在同一時間內收看到同一個電視節目，隨著高清晰度電視、數碼電視等的研製，促進了電視業的進一步的普及與繁榮。

此外，多種新媒體的開發（如鐳射光碟電

影、光纜電影等），貯存訊息媒介由磁性材料向光學記錄材料的轉換，捕捉訊息手段由模擬訊號向數字訊號的轉換等等，人類將在未來的歲月中，把本世紀初由電影濫觴的媒體革命推向一個更新的階段。

在這世紀交替之際，人類正處在一場新的媒體革命發生的前夜，且看，一九九七年七月四日十三時七分（美國東部時間），美國「火星探險者」號火星探測器，在經過長達八個月的漫漫旅途之後，終於登上了這顆令多少科學家魂牽夢縈的太陽系中的第四顆行星——火星，從此揭開了人類探索這顆紅色星球奧秘的新紀元。雖則「探險者」歷史性的登陸場面未能向世人現場直播，但不管怎麼說，「火星探險者」的成功，是人類空間技術飛速發展的一次大檢閱，也是當代尖端的影視技術（它第一次向地球發回了彩色三向度立體圖像照片）最新成就的一次有力的展示，眞可謂是「探險者」移動一小步，全人類邁出一大步。在這種不斷邁進的步伐聲中，是不是也預示著一種新的媒體技術革命即將要發生呢？我們且拭目以待。

本世紀延續不斷的媒體革命，對二十世紀人類文明的發展產生了無與倫比的影響，它極大地改變了人們政治的、經濟的、社會的、文化的生活，試想，全球性的奧林匹克運動盛會、令世人爲之如痴如狂的世界杯足球比賽，一直到阿波羅號登月，現代影視技術（衛星電視轉播）不僅眞正實現了國人所稱的「秀才不出門，能知天下事」的夙願，而且全體電視觀衆也都可以坐在電視機前獲知最新訊息，瞭解整個世界。

本世紀以降，尤其是在第二次世界大戰之後，以義大利爲始的前衛電影運動及第二次西方現代主義電影浪潮的湧起，眞正開啓了人類從靜態的文字語言文化轉向動態的圖像語言文化。當然，現代意義上的圖像語言，並不是退回到原始稚拙的「看圖說話」的上古時代。但是，影像的意指系統更易於爲人們解讀，在原著《紅樓夢》、《圍城》與同名影片和電視連續劇之間，恐怕多數人更願意選擇後者。畫家蔡志忠爲《論語》、《老子》等配上漫畫，話語一旦融滙在圖像之中，既妙趣橫生，又賞心悅目，無異使這些中國古代典籍插上了翅膀，進入了更多的尋常百姓家，吸引了更多的讀者。

梅洛·龐蒂 (Maurice Merleau-Ponty) 在論及繪畫時，這樣說道：

> 畫家孜孜以求的是什麼？就是揭示形形色色的能見方法，而非其他方法，透過這些方法，山在我們眼裡便成了山。它把可見的存在提供給外行人的視覺以爲不可見的東西。
>
> ——《眼與心》

龐蒂之論，不僅適用於繪畫，也可延至對所有圖像語言文化的分析。正如南帆所論，「無論是繪畫、雕塑還是電影、電視，重要的不是讓人看到了什麼，而是提供視覺的種種模式。在這個意義上，影像的意指系統不是好奇心的滿足，它隱含了一套異於話語組織的代碼，一套光、影、顏色、線條、造型形成的表意符號，一套特定的『蒙太奇』式銜接，這甚至將提供

一套迥異的知識典範和『眞實』的概念。」(《話語與影像》)

總之，在圖像語言文化的視象性與逼眞性（以電影與電視爲代表）的映襯下，頓時照見了文字語言文化的淳樸與凝重。但一旦將話語轉換成圖像語言文化（如前面說到的電影「紅樓夢」、電視連續劇「圍城」)，就可窺見它所潛藏的魔力。在這裡，不容我們詳細討論躲匿在圖像語言文化（或視覺文化、或視聽文化）背後的種種隱蔽。但有一點是肯定的，人類從文字語言文化進入圖像語言文化，其意義及對人類文明發展的深遠影響也許並不亞於從遠古時代的結繩記事到文字的發明。對於這一重大的文化轉型，人們是準備不足的，歷史學家似乎也不例外，當他們仍以往昔的史學觀念與史學方法來觀察影視史學這一新學科時，兩者的巨大落差與失衡是可以想見的。這就牽涉到歷史學自身在二十世紀的嬗變了。

三、重新定向

作爲現當代西方新史學的一個新門類，影視史學的產生，也有其具體的學術背景，這就是二十世紀特別是二十世紀下半葉西方史學新陳代謝的結果。

自十九世紀末至二十世紀初，西方史學經歷了一次重新轉向，這就是從十九世紀占據西方史學主流的傳統史學亦即蘭克史學向現代西方新史學的過渡。

現代西方新史學的源頭在德國，它可以追溯到十九世紀末發生在德國文化史家卡爾・蘭普勒希特 (Kanl Lamprecht) 與西方傳統史學的代表蘭克學派傳人之間的爭論，此後有法國亨利•貝爾 (Henri Berr) 的「綜合史學論」，繼有美國新史學家魯濱遜 (James H. Robinson) 所倡導的「史學革命」，更有二〇年代末產生的年鑑學派，新史學潮流因而在歐美史學界興起，終於在二次大戰後，尤其到了本世紀的七〇年代前期，發展爲西方史學的主潮，達到了它的全盛時期。

但在二十世紀上半葉，西方傳統史學仍有雄厚的實力，著名的《劍橋三史》(即《劍橋古代史》、《劍橋中世紀史》、《劍橋近代史》)在這一世紀的前期出版，它說明了傳統史學在歐美史學界所具有的影響。當代西方史學史家伊格爾斯 (George G. Iggers) 在談到二十世紀歷史科學的變化時指出：

> 眞實性、流駛的時間和有圖的行爲，這三種前提假設決定了從修昔底德到蘭克、從凱撒到邱吉爾的歷史敍述的特點，而正是這些前提假設在二十世紀的大變革的過程中卻逐漸地成了問題。
>
> ——《二十世紀的歷史科學——國際背景評述》

確實，自從十九世紀末期以來，以蘭克 (Leopold von Ranke) 爲代表的西方傳統史學不斷地遭到了新史學的挑戰，故從本世紀初開始，西方史學發生了一次新的轉向，這就是從傳統史學向新史學的轉向，而這種轉向，由於社會的進步尤其是現代技術革命新浪潮的衝擊，而至本世紀五〇年代中葉又再度發生了一次新的「重新定向」。

在這裡，我們借用當代美國科學哲學家孔恩(Thomas S. Kuhn)的「典範」(paradizm)概念，以說明二十世紀歐美史學的這種變革，最基本的就是史學典範的變化，即是從傳統史學典範向新史學典範的轉化。所謂「典範」，在孔恩那裡，代表科學共同體成員所共有的信念、價值和技術手段等總體，是指爲某一「科學共同體」所擁護，並在進行研究時所應共同遵守的準則，在孔恩看來，「科學革命」從根本上來說是一種「典範」的更替。

關於史學典範，我們則從更爲寬泛的意義上，亦即從史學觀念、史學研究的內容與範圍、史學研究方法等方面，把西方史學分爲兩大史學典範：傳統史學典範與新史學典範。自然蘭克學派是前者的代表，而年鑑學派則就是後者的圭臬了，它們分別代表著近現代西方史學發展的兩大趨勢。

以蘭克學派爲代表的西方傳統史學的典範，攝其要旨，大體有如下一些特點：撰寫歷史要客觀公正，還歷史以本來面目，蘭克所標榜的「如實直書」也好，「消滅自我」也罷，都是力圖要歷史學家在寫史過程中，不夾帶任何個人的政治偏見和宗教偏見；重視蒐集第一手史料，所謂史料，限於文字的，而主要又是官方的檔案文獻，在他看來，依據這樣的史料就能寫出信史；歷史研究的主要對象是重大的政治、軍事和外交事件，並致力於描述這些事件中傑出人物的活動。吳于廑在論及這種史學典範時，指出：

> 朗克（蘭克）主張寫歷史必須如實、客觀，而終不能免於有所不如實、不客觀；主張超然於宗教及政治，而終不能免於有所不超然；主張不涉哲學和理論，而又自有其哲學

與理論。

——《朗克史學與客觀主義》

這或許是對蘭克史學典範，亦即西方傳統史學典範的一種較爲嚴謹與簡練的概括。

新史學典範與上述傳統史學典範是很不相同的，我們且從以下幾個方面，比照傳統史學典範，來揭示西方新史學典範的特點。

1.從史學觀念來看。所謂史學觀念，在這裡也是一個寬泛的概念，從本質上來說，它主要指歷史學家對歷史與歷史學的基本看法，她對現實與過去關係的認識、對史學研究中主體（歷史學家）與客體（研究對象）關係的認識等。在以年鑑學派爲代表的新史學家看來，歷史研究是一個認識過程，這一過程也就是歷史學家對過去構建的過程；歷史學家寫過去，同時也是在寫現在，亦即年鑑學派奠基者之一馬克・布洛赫（Marc Bloch）所云：「透過過去來理解現在，透過現在來理解過去。」這就很清楚地道明了在史學觀念上與蘭克學派的差異，顯然它突出了歷史學家作爲認識主體在歷史研究中的中心地位與重要作用，從而大別於傳統史學典範對認識主體作用的忽視。

2.從史學研究的範圍與內容來看。西方傳統史學內容狹隘，時空範圍偏窄，以蘭克史學而言，他的幾部重要的著作，時間範圍不出十六、十七世紀，地域範圍不出西歐幾個主要國家，主題不出政治史。現代西方新史學強調要把歷史研究擴充到整個人類文明的發展進程，擴充到人類生活的各個方面。這一情況在二次大戰後尤其明顯，在「自下而上看」的歷史觀的影響下，從普通民衆的視角去觀察與研究歷史的風氣日濃，在「全球歷史觀」的影響下，歷史學家的視線投射到了整個世界，歷史研究的領域不斷開拓，歷史研究的內容也就日益豐潤了。

3.從史學研究的方法來看。西方史學向縱深的開掘，一般說來是以新的研究技術和方法的運用爲前提條件的，這正如天文學上的新發現往往要依賴於新研製出來的功率更大和效果更佳的望遠鏡一樣。歷史學借鑑吸收其他社會科學的新技術和新方法，借鑑運用現代自然科學的最新技術與方法，是歐美各國新史學的時尙，方法的多采導致了史學研究新領域的不斷出現，例如，計量方法、電子計算機的運用爲歷史學家的研究開闢了新的前景，「計量革命」被視爲「當代史學的突出特徵」（巴勒克拉夫：《當代史學主要趨勢》）；又如心理方法，它深入到歷史的深處，有助於人們對歷史和文化現象的深層瞭解；再如比較辦法，它爲進一步揭示歷史（包括歷史學）發展模式之間的共性與差異，在更廣闊的背景上作出綜合的分析提供了門徑；他如口述方法，它成了溝通歷史學家與非歷史學家之間的橋樑，並有望爲前者提供更多的獨創性觀點與眞實生動的歷史創造條件；此外，還有系統方法、模糊方法、符號方法等。這些方法的一個共同特點是要求打破學科之間的隔離，注重跨學科的研究。現代歐美史學在方法上的革新，它總是與一定的史學思想體系相聯繫的，因此，史學研究方法的變化，不只是具體的技術手段的變革，而帶有方法論的意義。

影視史學就是在這樣的學科變革與史學革新的背景上應運而生的。但它這個新生兒從十九世紀末電影發明之後，在電影發展史上的默片時代，還不曾引起歷史學家的注意，歷史學家開始正視影片與歷史的關係，是到了二次大戰後，確切地說，影視史學獲得歷史學家的注意是在六〇年代。此時，從普通民衆的視角去觀察歷史人物與解釋歷史事件逐漸成爲時尙，自從英國的歷史學家愛德華·湯普遜（E. P. Thompson）在1966年發表〈自下而上看的歷史學〉一文之後,「自下而上看的歷史學」便成了學界一個專用名詞，並與傳統的「自上而下看的歷史學」亦即「精英史學」相抗衡。

在這種學術風氣的影響下，透過影視所傳達的歷史意念開始受到了專業史家的眞正關注。特別是到了七〇年代下半葉，西方史學又發生了一次新的轉向，這次轉向基於這樣的背景，戰後西方新史學從五〇年代勃興至七〇年代上半葉達到了它的全盛期。但正當新史學高視闊步的時候，新史學也產生了流弊，如新史學家爲了尋求「結構」與「深層」的歷史，於是歷史著作中的引人入勝的故事情節與環境氣氛、栩栩如生的人物形象不見了，歷史學變成了「沒有人的歷史學」；歷史著作中充滿的大量數學公式、數據、圖表等，不僅在專業史家中鮮有反應，而且更失去了社會大衆的廣大的讀者群。西方新史學所崇尚的分析性的史學著作遭到了許多學者的批評，於是從七○年代下半葉開始，敍事性的史學著作又開始復興，英國史家芬倫斯•斯通（Lawrence Stone）在一九七九年當敍事史興起的時候，就撰文〈敍事史的復興：對新的傳統史學的思考〉，斷言「新敍事史」的問世，標誌著一個新時代的開始。不管斯通的見解是否有些片面，但毋庸置疑的眞實是，敍事體史書在整個八○年代重又得到了歷史學家的青睞。這一學術背景與時代氛圍，對以敍述性爲專長的影視史學的發展，無疑起到了某些推波助瀾的作用。

第二章
歷史學的新生代

影視史學是當代西方史學的一個新品種，它的基本定位應歸屬於史學的範疇，應爲歷史學家所研究；但影視史學又是歷史學與影視（指電影與電視等）新匹配的「混血兒」，它的這個特性似乎也應當引起文學藝術家的關注。如此看來，影視史學的這個跨學科的交叉性質，既是歷史學家，也是文學藝術家共同研討的時代課題。

在這裡，我們以歷史影片「鴉片戰爭」爲討論中心，闡明歷史影片在傳播歷史知識、傳達歷史意念、傳揚歷史精神與書寫史學所要表述的同類題材（如鴉片戰爭史）相比，所體現出來的長處，藉以揭櫫影視史學的特徵，說明影視史學之優、影視史學作爲「歷史學新生代」的緣由。

我們的述說要從電影的發展史說起。

一、一位新的繆斯

電影已經歷了百年滄桑，存亡繼絕，消長盛衰，但在人類藝術發展的長河中，一百年是不算太長的。與歷史學這一古老學科相比，它猶如一個嬰孩面對一位耄耋老者。因此，電影的晚出，則常常被人們稱之爲「第十位文藝女神」(繆斯；或譯爲繆思)。學界對百年電影史，已作過許多研究，出版了數量可觀的作品，毋容贅說，在此僅就它的三個發展階段略說數語：

1.第一階段：形成期（從一八九五年電影問世至二十世紀二〇年代初)。在這個階段，以「電影之父」盧米埃爲代表，注重電影的眞實性、照相性，是爲後世電影紀實派之祖，而法國人喬治・梅里愛與美國人格里菲斯則強調電影的技巧性、假定性，是爲後世電影蒙太奇派和戲劇派的奠基者；在二〇年代的法德兩國出現的電影前衛派，是爲後世現代主義電影之濫觴。

2.第二階段：發展期（從二〇年代至六〇年代）。從二〇年代至四〇年代是電影藝術大發展的時期，發展的標誌是在本階段形成了許多對後世頗具影響的電影流派與電影思潮，如有以好萊塢爲代表的戲劇電影派，它以戲劇藝術爲基礎，依據戲劇衝突原理來安排故事情節；有以前蘇聯爲代表的蒙太奇電影派，簡單說來，它借用「蒙太奇」（montage）這個詞，作爲鏡頭、場面和段落的代稱，它是電影藝術一種獨特的表現方式，也是電影藝術一種獨特的思維方式；此外還有義大利的新現實主義、紀實主義派，西方現代主義電影派等。經過這一階段的大發展，電影藝術則日趨成熟。

3.第三階段：更新期（七〇年代至今）。自六〇年代以後，由於電視與錄影機的衝擊，尤其是電腦影像技術的日臻完善，多媒體系統產品的改進與上市等，把電影逼近低谷，關於世界電影危機的驚呼不絕於耳。但是，正如一首影視歌曲唱道：「走過去，前面是個天。」在經歷了對傳統電影美學觀念重新進行思考的基礎上，電影藝術拓展了新的空間，並吸收與運用當代科學技術中的許多新方法，把結構主義、現代主義、後現代主義及其理論話語融匯於電影製作實踐中，爲當代電影的進一步發展奠立了堅實的理論基礎，在這當中，好萊塢電影率先突破困境，從七〇年代末起重新獲得生機，並從八〇年代開始進入了一個新的發展階段。我們期待世界電影經過這一階段的調整與更新，將爲下一輪電影的百年史再鑄輝煌。

電影是什麼？在我們看來，電影是一門新的藝術門類，是一位新的繆斯，在藝術序譜上爲這一「第十位文藝女神」安排一個叨陪末座的位置也未嘗不可，但齊格弗里德·克拉考爾在《電影的本性》一書中，卻這樣寫道：「電影是一種跟其他傳統藝術毫無二致的藝術，這一得到普遍承認的信念或主張，其實是不可能成立的。」大陸資深電影理論研究家邵牧君認爲：「電影首先是一門工業，其次才是一門藝術。」（《電影萬歲》）看來電影是什麼的命題令中外學界困惑，而迄今依然是一個難以索解的「斯芬克斯之謎」。對此，暫且可置而勿論。但電影無疑是二十世紀對人類文明產生無與倫比影響的一種媒體，我贊同鄭向虹如下的論說：

> 電影，這個本世紀最先誕生、影響深遠的大衆媒介，一開始就訴諸於最廣泛的社會群體。電影很快擺脫了「雜耍」的嬰兒期，而成爲現代社會一種複雜的文化媒體。
>
> 電影沉積的是民族的文化心理，融匯的是人類具有普遍意義的願望與要求，電影是民族的，同時是人類的文化儀式。
>
> ——《電影：一種文化儀式》

關於電影的感性特徵，英國影視專家約翰・艾里斯在與電視進行比較時，曾作過一些歸納，大體說的是：電影是一門影像藝術，它講究以規模宏大和精雕細刻的影像畫面、強烈的色彩對比來吸引觀衆，它的敍事結構嚴謹，並始終圍繞一個中心問題，影片中的人和事都按照「發展——高潮——最終解決」這個邏輯順序演進，看電影是一種社會性的集體行爲，電影觀衆期待的是影片的最後結果。(《*Visible Fictions Cinema, Television and Video*》)對此，電影藝術家和電影理論家也許還有不同的說法，但艾里斯之論，對於我們從總體上認識電影的基本特點無疑是有幫助的。

在此，有一點需要附帶討論，這就是電影與電視之間的關係以及未來發展的問題。其實沒有必要先驗地去斷定電影與電視的孰優孰劣，在我看來，它們都是「異質而同構」，二者相互依賴，共生共榮，絕無一方將吃掉另一方的可能，作爲藝術的電影和電視，視象性和逼眞性都是兩者的基本特徵，它們的「異質而同構」，「異質」指的是影像材料的不同，電影是膠片拍攝的聲光影像，而電視則屬於電子影像體系；「同構」指的是表述結構上的相同，表現在兩者具有共同的影視語言，都具有「運動的影像、人語聲、音樂、自然音響和字幕文字」（W‧宣偉伯：《傳媒、訊息與人》）等外化的載體。

然而，當現代電子技術飛速發展，電視在訊息的獲取傳遞與接收上體現出更爲便捷的優越性時，似乎把電影推向了末路，電影果眞已失去了昔日的輝煌而成爲「斜陽企業」？二十世紀的藝術領域，果眞如某些理論家所宣稱的那樣，是以電影世紀開始，而作爲電視世紀結束嗎？且慢爲電影「舉行葬禮」，一個最明顯的事實是，在一片電影危機與衰退的噪聲中，電影在今日美國、法國、印度、香港等地依然生機勃勃，尤其是好萊塢從八〇年代開始了全面的電影復甦，票房連創紀錄，印度於一九九三年創下年產影片八百一十部的紀錄，十分雄辯地說明了電影仍具有強大的生命力，仍具有爲電視所不可替代的獨特魅力，看過謝晉執導的電影「鴉片戰爭」，誰還會去看廣東的那部拖沓的電視連續劇「鴉片戰爭演義」呢？電視的普及與發展，充其量只能衝擊電影，而不能替代電影（至少在目前是如此），更不能抵消電影的獨特魅力，無怪乎D·戈里梅博士從社會歷史文化的視角，作出宣言：「電影業永不死亡」。對此，美國學者托馬斯·沙茲說得更明確：

> 電視的便利，它那不斷改進的技術和節目質量，以及它的意識形態的威力，最終也未能抵消電影那種獨特的混合：個人與公衆，美學與神話，智力與感性。
>
> ——《好萊塢／新好萊塢：儀式、藝術與工業》

二、一則歷史故事

講故事，這是人類自遠古時代以來就沿用不衰的文化樣式。在文字沒有發明之前，祭神巫祝，行詠歌手，正是透過世代的口舌相傳（說故事）來進行文化傳遞，爲後世保存了先民對自然和社會的最初活動的記錄。世界上最古老的史詩《吉爾伽美什》、古印度的史詩《摩訶婆羅多》和《羅摩衍那》以及古希臘的《荷馬史詩》，實際上都是透過詩歌的形式在「說故事」。著名的阿拉伯的文學瑰寶《天方夜譚》，說的是山魯佐德給國王講故事，講了一千零一夜。西方「歷史之父」希羅多德（Herodotus），他也是從一個史話家（說故事）發展爲一個歷史學家，他爲西方史學所作出的卓越貢獻之一就是敍事體例，並以此教會了希臘人寫作眞正歷史的本領。

的確，從某種意義上說，說故事（敍事）是人類進行文化傳遞和瞭解世界的一種基本方法，它是人類生活中一項不可缺少的文化活動；講故事則是人的一種功能。對此，美國電影學者戴維·波德威爾說道：

> 故事包圍著我們。童年時，我們從童話和神話中學習；當我們長大時，我們讀短篇故

事、小說、歷史和傳說。宗教、哲學、科學經常借助典型的故事：猶太教傳說有它的聖經（一部龐大的敘事作品概要），科學發現也被描述得如同實驗者嘗試和獲得進展的童話。……甚至報紙上的文章也被稱之爲故事；當我們詢問事情的時候，我們會問：「故事是什麼？」即使我們睡覺的時候，我們也不能避開故事，因爲我們常常像體驗小型敘事似的經歷我們的夢，並以故事的方式回憶和復述它們。或許，敘事是人類弄懂世界的一個基本途徑。

——《電影藝術導論》

對於電影藝術而言，敘事性（故事性）或許是構成它的一種基本元素。早在電影草創的盧米埃時代，電影就從一種紀錄性的寫實發展爲以某種特定的敘述方式來展示故事的藝術。其後，梅里愛以其眞正的敘事性影片，創造了故事片的樣片。在格里菲斯及其後來者那裡，由於蒙太奇敘述方式的運用，就衍化與組合出各種各樣的撲朔迷離與別出心裁的故事「文本」。

自電影這個舶來品傳入東土後，經過中國電影藝術家幾代人的苦心經營，如此在中華民族這塊文化沃土上生下根來，在二十世紀前期拍出了許多爲人民大衆所喜聞樂見的影片，至謝晉時代，中國電影已奠立了自己的「經典敍事」話語。由他執導的「女籃5號」、「紅色娘子軍」、「舞台姐妹」、「天玄山傳奇」、「牧鳥人」、「高山下的花環」、「芙蓉鎭」等，爲此作出了巨大的貢獻。具有國際性的歷史巨片「鴉片戰爭」，更爲這位蜚聲中外的電影藝術家的電影事業，劃上了一個圓滿的逗號，爲何是一個逗號而不是句號呢？謝晉說：

> 我今年七十四歲了，但「鴉片戰爭」不會是我的最後一部影片。只要我的生命還在，我就會永遠在電影這塊沃土上耕耘。
>
> ——《我拍「鴉片戰爭」》

在香港回歸前夕，謝晉執意要拍這樣一部

歷史巨片，並要把它拍成一部令中外觀衆都喜愛的好看的影片。他說這是一個歷史機遇，也是一種歷史責任。現在看來，這確是一部人人稱道的好看的影片，這裡且不說恰逢香港回歸中華民族洗雪百年恥辱這一世界性題材的重大意義，僅從電影藝術的角度講，謝晉說：「從藝術規律上講，觀衆去電影院不是爲了去看歷史，而是去看故事。」（本書謝晉引語，均見《沉論與覺醒》一書，以下不另夾註）。的確，這部歷史影片的引人之處，首先在於有一個故事，一個以敍事和鏡語傳達出來的發生在一百五十多年前那令人心酸的一段故事，它以視覺具像的魅力寫出了一系列鮮活的栩栩如生的歷史人物，寫出了那一個個令人難忘的可歌可泣的故事。

在這裡，有必要敍述一下這個發生在一百五十多年前的那則歷史故事的梗概，爲下文進一步分析作舖墊。

京外驛道，遍地大雪。兩輛馬車在雪地上壓出了深深轍印。林則徐奉詔進京，道光皇帝在紫禁城養心殿召見，特命他爲欽差大臣，前往廣東掃清鴉片。

廣州珠江天字碼頭。兩廣總督鄧延楨率廣州文武官員恭候欽差大臣林則徐，但林已棄船登岸，進入城中。

九華街。洋商館前的廣場，罪大惡極的煙犯被當衆處以絞刑，萬頭鑽動，觀者如潮。此刻，林則徐在天瀾閣茶樓飲茶，從這裡可以目睹整個刑場情景，驀地，他忽聽到英語呼救聲，問明情由，方知是怡和行何敬容之子何善之，知何識洋文，悉洋務，遂任他爲通事。

林則徐命何敬容傳諭洋商，速將全部鴉片盡行繳送，不准藏留分毫。英國駐華商務總監義律代表全部廣州的英國商人被迫交出鴉片二萬零二百八十三箱。

一八三九年六月三日，晴空萬里。在虎門海灘，鴉片堆積如山，清綠營水師，持槍立戟，四方百姓如潮湧上，林則徐在此奉旨銷煙，汚黑的煙塊掉入池中化開，濁水翻滾，濁煙騰空，直上九霄。

義律暗中已把這些鴉片從英商手中買了下來，他便以清政府燒毀了價值八百萬英鎊的商品爲由，要求英國政府出兵中國。在維多利亞女皇的支持下，英國議會經過激烈的爭辯，最終以二百七十一票贊成，二百六十二票反對的微弱多數，通過對華戰爭撥款。

一九四〇年六月，英國遠征軍艦隊抵達中國。初在廣州海域覬覦，後北上京津。七月六日。英軍在攻陷浙江定海後，繼續北進，直抵天津大沽口，進而威逼北京。道光皇帝不知所措，遂諉罪於林則徐，怪他輕啓邊釁，撤了他的職，並任命琦善爲欽差大臣，安撫洋人。面對英人的堅船利砲，琦善斷定戰必敗，但在談判中，英方要清政府償付鴉片煙款六百萬兩，開放五口通商，還要割讓香港。還未等道光皇帝回音，英軍於一八四一年一月二十六日占領了香港。

暢春院姑娘蓉兒，雖淪落風塵，但不失善良與同情心，有肝膽氣節，琦善無計退敵，竟然讓風塵女子去英軍營「勞軍」，蓉兒不願失節，毅然行刺義律未遂，被縛沉入江中。

道光聞知香港被占，十分惱怒，責備琦善欺君賣國，便革去其直隸總督欽差大臣職，押解入京候斬。反復無常的道光皇帝又改撫為剿，但為時已晚，虎門炮台失守，關天培壯烈殉國。英國繼續大軍進犯，直至簽訂「南京條約」。

發配新疆的林則徐與押解進京的琦善狹路相逢。琦善對林則徐說，你我雖都遭慘敗，但你雖敗猶榮，或許名垂千古；而我將身敗名裂，永背罵名。

囚車遠去。林則徐悲愴難言，無限感嘆：從今日起，中華怕要進入漫漫長夜，無路可行……。

三、電影話語：攝人心魄的震撼力

一個眞正的藝術家，一定是一個有高度的歷史責任感和時代使命感的人。謝晉正是這樣的一個人，他曾經這樣說過，一部影片也是一次生命的燃燒，他拍的許多影片，爲此作出了最好的闡述，他執導的這部以近代中國重大事件爲題材的「鴉片戰爭」也是這樣。

自一八四〇年鴉片戰爭以來的近代中國百年史，風起雲湧，色彩斑爛，歐風美雨，糾紐重疊，其間中國人民備受欺凌而又不斷地奮起抗爭，終於透過前仆後繼的奮鬥，最終推翻了封建專制，擺脫了殖民統治，華夏民族重新以嶄新的姿態屹立於世界民族之林。文藝評論家王元化曾經這樣說過：「一個偉大的作家，一個偉大的藝術家，必然會關心他的祖國與民族的近百年史。莎士比亞的歷史劇都是近百年的歷史，亨利四世、英法戰爭等等。普希金模仿過莎士比亞戲劇，也關注俄羅斯的近代史，與民族血肉相關的歷史。」(一九九五年一月在「鴉片戰爭」研討會上的發言）謝晉以古稀之年，奮力肩負起一個眞正藝術家的歷史責任，希翼用「鴉片戰爭」，用電影語彙向人們展示一百五十多年前那一段歷史，那段令人心醉、令人屈辱、令人難忘的歷史。

籌拍這部歷史巨片，緣起於一九九四年夏，謝晉收到梁信（「紅色娘子軍」的編劇）的一封信。梁信在信中說，中、英關於香港回歸祖國的聯合聲明已經簽署了十年，香港一九九七年回歸，已經指日可待。對於這樣一個偉大的歷史事件，中國電影界不能沉默而無所作爲。

梁信的話深深地叩擊著謝晉的心扉。是夜，他浮想聯翩，不能入眠，他開始醞釀一個重大決定。一九九五年一月在上海召開電影「鴉片戰爭」的研討會上，謝晉說：「鴉片戰爭是個悲劇，但肯定是個世界性的題材。」又說：「一個民族只有眞正站起來的時候，才能正視自己最屈辱的歷史。」

一九九五年三月，謝晉在全國政協八屆三次會議上，作了「迎接香港回歸的巨大藝術工程」的發言，向世人宣布：民間集資一億元，拍攝歷史巨片「鴉片戰爭」，迎接九七香港回歸。他說道：一九九七年香港回歸，是洗淸一個半世紀民族恥辱的日子，是歷史和人民給於我們的幸福，在我們以喜悅的心情來迎接這個歷史節目的同時，我們也必須在各個方面反思和探討這段沉痛而深刻的歷史教訓。」

香港回歸祖國，不僅對中國來說是一個劃時代的歷史事件，對整個世界來說也都是具有重大歷史意義的，用電影藝術地再現一百五十年前的那段歷史，已經成爲擺在我們每一個中國人面前的任務。

這部影片應該是一部包含歷史的眞實和民族道義感的作品。我們一定要高屋建瓴地用現代歷史觀念來展示一百多年前的這場悲劇。

爲此，謝晉決定由謝晉——恆通影視有限公司牽頭，匯集海內外、藝文界內外有志於此的朋友的力量，拍攝一部歷史巨片「鴉片戰爭」，於一九九七年香港回歸之日，在大陸、港、台以及全世界各地同時上映。

一部歷史巨片的成功與否，看來得具備以下幾個要素：

1.一個重要的題材，一個世界性的題材。

2.一則歷史故事，一則能抓得住觀衆並有巨大懸念的層層推進的故事。

3.具有動人心魄的震撼力，這種巨大的震撼力，正如劇作家宗福先所說，「對銀幕前的觀衆產生衝擊他們靈魂的、令他們無法承受的、深邃的震撼力，一個個把他們震在座位上動彈不得！」

「鴉片戰爭」所展現的是一個世界性的題材，一個不僅爲國人，也爲全世界人民所關注的大題材，美國著名的導演史蒂芬・史匹柏（Steven Spielberg）執導的「辛德勒名單」引起了各國觀衆的關注，在於影片所揭示的第二次世界大戰期間德國納粹殘酷殺害猶太人的那一段歷史往事，也是個世界性的大題材。

當然，這並不是說，只要有了世界性的大題材就一定可以拍出動人心弦的具有震撼力的影片，而是說明，題材的選擇對於影片的重要性。換言之，前者並非是一個必備條件，但卻是一個重要條件。如關於「二次世界大戰」電影，可謂是汗牛充棟，不可勝數，史匹柏耗費近十年時間來籌拍爲紀念六百多萬被屠殺的猶太人而作的「辛德勒名單」，並不是靠幾個殘暴血腥的場面去震撼人的，而是基於這樣一種考慮，「大屠殺提供了一種反省，而這種反省至今仍未被人們所接受」(史蒂芬•史匹柏談影片「辛德勒名單」)。於是，這位猶太裔的大導演以自己的靈魂全身心地投入，透過帕爾曼的小提琴所勾勒出來的一個猶太後裔的一顆傷痛的靈魂征服了全世界的觀衆，引發了人們的思考，產生了強大的震撼力。

一部歷史大片所具有的震撼力，可以從外在的（視覺的）與內在的（思想的）兩個方面去探究。這兩個方面也正是「鴉片戰爭」的製作者的著力處。

「鴉片戰爭」的震撼力，首先在於它透過視覺影像的魅力，展現在觀衆面前的是不凡的氣勢，寬宏的場面，毋疑具有強烈的視覺衝擊力與震撼力。

如果「鴉片戰爭」只停留在外在的視覺層面對觀衆的震撼力，缺乏內在的思想力度，激發不起觀衆的共鳴，引發不了他們的思考，那麼，它充其量只是一部好看的影片，而不能成爲歷史大片。但「鴉片戰爭」的成功不僅僅在於前者，它更重要的是在於透過畫面，顯示了一種超越時空的思想張力，正因爲有了這樣的張力，才使這部影片具有鮮活的靈魂而產生巨大的思想震撼力。如果缺少了它，這部歷史巨片就成了許多空洞場面和毫無意義的往昔事件的堆積。

「鴉片戰爭」是以宏觀視野，把一八四〇年發生的中英鴉片戰爭放在當時世界發展的大背景上來表現的。十九世紀四〇年代，整個世界的形勢發生了巨大的變化，以英國爲代表的新興的工業文明已經崛起，它必然要向海外開拓，進行殖民主義的擴張活動。而古老的中華文明，在這種新興的工業文明面前，顯得遲鈍、愚頑和弱小。影片用電影語彙作了形象的展現，且看：一面是一輛一八四〇年式蒸汽車頭牽引著幾節車廂，維多利亞女王用剪刀剪斷綵帶，歡呼聲如潮；另一面是，一片催促起行的叱咤，全體聽差紛紛縱馬，分向東南西北狂奔，傳遞諭旨。一面是，英國海軍上將狂言：「我認爲一艘英國軍艦可以擊敗全部中國水師。」另一面是，太和殿內，道光皇帝稱：「那英吉利僅是個彈丸小島，做大清的屬國都不配，怎敢如此放肆！」

這是東西方文明的碰撞，這是兩個互不瞭解而異質的文明的狹路相逢，這是新興的工業文明對衰朽的古老的農耕文明的巨大衝擊，於是，悲劇發生了，中華民族自此進入了「漫漫長夜，無路可行」的境地，除了痛苦，還是痛苦，除了屈辱，還是屈辱，鴉片戰爭成了一百多年來中華民族恥辱的首篇。

影片巨大的思想震撼力，還在於編導們站在當今時代的高度上，對鴉片戰爭這一歷史悲劇作出了深刻的歷史追思。對此，電影評論家梅朵說：「我們過去，習慣於在歷史中尋覓光榮，以獲得一種精神上的自足，而缺乏一種面對歷史傷痛而發揚自我鞭策的精神。當然，我們需要弘揚我們優秀的歷史傳統，以激發我們自信的力量，但是卻切切不可走向反面，由此而掩蓋我們的歷史明暗，使自己在自滿中走向麻木。「鴉片戰爭」的追問，就是要讓我們面對歷史明暗，使我們變得更加清醒。」(《一次深刻的歷史追問》)

是的，古人曰：「知恥近乎勇」，緊接著片名而推出的字幕：「只有當一個民族眞正站起來的時候，才能正視和反思她曾經屈辱的歷史。」這三十個字赫然在目，令人刻骨銘心。的確，鴉片戰爭是整個中華民族的巨大悲劇，影片透過對主要人物林則徐、道光皇帝、琦善等悲劇性格與悲劇命運的刻劃，所表現的歷史悲劇，終於把鴉片戰爭這段既感嘆又心酸、既悲壯又痛苦、既難忘又屈辱的歷史，在銀幕上生動地重現出來，一個對自己的前途沒有信心的民族是不可能做到這一點的，它不啻是一劑醫治中華民族精神創傷的良方，它啓示世人，再也不能做「井底之蛙」了，閉關自守與麻木不仁會給中華民族帶來了多麼巨大的歷史創傷，它似乎不斷地在世人耳畔敲響警鐘：「落後就要挨打！落後就要挨打！……」這個不是畫外音的畫外音，在觀衆的心中激起了多麼強烈的共鳴與感奮，振奮民族精神，振興中華，成爲每個炎黃子孫呼之欲出的共同聲音，這種巨大的思想震撼力，確有一種超越時空的張力，這種思想張力不僅能感奮每一個中國人，而且能感染包括英國人民在內的世界上一切有良知的外國人。此語信然！

四、電影話語：多采多姿的表現力

「鴉片戰爭」是一部大製作的影片，是一個投資一億元人民幣的巨大的文化藝術工程，在中國大陸電影發展史上，可稱得上是前無先例的。在此，略作補白：它於一九九六年五月八日在廣東虎門開機，同年十二月四日在浙江東陽橫店停機，動用群衆演員五萬多人次、外籍演員三千多人次，先後轉戰廣東、北京、浙江東陽、舟山、英國倫敦等地，搭建了二百多處工藝精湛的場景，營造或改建了大小四十七艘艦船，製作服裝二萬多套、各式道具二萬多件，拍下了五萬多公尺長的膠片。

在演員陣營上，「鴉片戰爭」也是空前的，它由大陸、台灣、香港影人共同組成，由謝晉執導，台灣電影導演李行任顧問，香港電影導演許鞍華任策劃，演員陣營更是龐大，有大陸演員鮑國安、林連昆、蘇民，台灣演員郎雄、葛香亭、邵昕，另有七位專演莎士比亞戲劇的英國演員加盟。

正是由於這種大投資、大製作，爲「鴉片戰爭」運用電影藝術的手段拍出一部歷史巨片創造了條件，影片所呈現那種多采多姿的表現力，是那種小投資、小製作的影片所不可同日而語的。

我們在前面說到，「鴉片戰爭」具有攝人心魄的思想震撼力，這種思想震撼力是要透過電影藝術的手段來表現的，與同類題材的書寫史學作品相比，這部影片的表現力更顯示出了它的生動與多采多姿。

在海登‧懷特關於「影視史學」的定義中，我們注意到他把視覺影像和電影話語相並立，這就明顯地突出了電影話語在整個視覺影像中的重要地位。

影像是決定與構成電影存在的基本因素，猶如音符、旋律之於音樂；線條、色彩之於繪畫。的確，作爲一種視覺影像的電影，集色彩、聲音、立體感於一身的幻景，其視覺衝擊力比之於其他各種視覺影像，如照片、圖像、雕塑等都是要凸顯優勢的。對此，海登・懷特這樣說道：

> 電影(或電視)的確比書寫的論述更能呈現某些歷史現象，例如：風光景物、環境氣氛，以及紛繁多變的衝突、戰爭、群衆和情緒等。

電影「鴉片戰爭」在表現鴉片戰爭中也是如此，它所呈現的視覺具像的衝擊力，充分顯示了電影藝術的表現力，展現了它與其他視覺影像方面相比（甚至比電視）所具有的獨特的魅力。

這部歷史大片的整個基調是，氣勢恢宏，場面壯觀。且看虎門銷煙這場戲的場景：

> 晴空萬里。虎門海灘，鴉片箱堆積如山。
>
> 清軍旗在高揚，綠營水師，持槍立戟，一列列排開。四方百姓，人頭鑽動，如潮湧至。
>
> 林則徐身穿金黃色的黃馬褂，高舉令旗，喝令：「奉旨——銷煙！」
>
> 精壯的兵勇赤裸上身，揮舞長刀，將鴉片球切成四瓣，丟入池中，加進石灰和鹽，剎時起泡燃燒，煙霧騰騰升空，直上九霄。
>
> 隔板被抽，濁流沖向大海。

這場面，宏闊博大，氣象萬千，借助電影話語，借助這強烈的視覺衝擊力，頓使每一個炎黃兒女感到一種從沒有過的快感，這眞是受百年煙禍之苦的中國人民民族情感的一次大噴發，那情景足可以催人淚下。

類似這種壯闊的場景在這部電影中是不勝枚舉的，如血染炮台、江邊祭奠、天壇大祭、大海、崇山、雄關、驛道……。由於這種宏偉的場面，造成了一種強烈的視覺具像的衝擊力，「鴉片戰爭」不是餖飣之作，而是一部恢宏無比的大片，它不是「楊柳岸，曉風殘月」式的男女離別時的淒涼，而是「金戈鐵馬，氣吞萬里如虎」的無垠的大千世界，它不是「昨夜雨疏風驟，濃睡不消殘酒」式的個人感懷，而是「大江東去，浪淘盡，千古風流人物」的歷史滄桑。偉岸，大氣，遼闊，這是「鴉片戰爭」所展現的景觀，也是這部歷史巨片的視覺具像的特點。

一般說來，電影主要是影像藝術，它既注意用規模宏大的場景來吸引觀衆，也注重色彩與光線的運用，以精心構織畫面，表現人物，展開情節，藉此引發觀衆的思想感悟。

構築與營造出意境深遠、內涵豐富的畫面，傳達出某種凝重的歷史意念，是歷史大片製作者的刻意追求。

影片「辛德勒名單」是這樣開頭的：雙方劃著一根火柴，白色的蠟蠋波點燃了，火光映襯出室內謐靜的肅穆。蠟炬燃燒著、融化著，燭光化成一縷白煙，裊裊上升。驀地，影像由淡彩演爲黑白，一輛碩大的火車向天空不斷噴出濃密的蒸汽，巨聲嗱嗱，正向觀衆逼來。影片的故事就這樣展開了。

且看「鴉片戰爭」一開始是如何以出人意料的鏡語，映入觀衆眼簾的：

紫禁城。大雨如注。

驟猛的雨鏈鞭打著玉階丹陛，激起層層迷霧。

鞭打著飛閣鎏璃，銅壺風鈴發出可怖聲響，龍首獸面在雨鏈鞭打下金崩玉碎。

軍機處。夜雨。

驀然響起一聲吭亮長呼：

「奉旨：將『嚴禁鴉片吸食立斬』奏折，火速交給各將軍、總督、巡撫。著直杼己見，迅速回奏。欽此。」

紫禁城的景色早已被衆多的影視作品拍濫了。藝術貴在創新，「鴉片戰爭」中所展現的紫禁城卻不同凡響。

雨打紫禁城，這是一個獨特的視角。影片以清朝宮廷開始，故事從暴雨鞭打下的皇城延伸，不由讓人們生發出幾多感慨，幾多聯想：道光時代的中國，大淸王朝已經結束了康雍乾的盛世而走向衰落，尤其是百年來的鴉片煙患已使它病入膏肓，正如林則徐在向道光皇帝的奏折中所說：

> 鴉片泛濫，已成天朝心腹大患。臣以爲，如果猶疑不決，不需十年，大淸朝便內無銀兩，外無兵防。洋人不費一槍一彈，就可使我亡國滅種……。

雨打紫禁城，這一畫面造型，飽含著深刻的寓意，使人們彷彿看到了風雨飄搖中的大淸王朝，凸顯出了凝重的歷史滄桑感，傳達出了濃縮的歷史意念：帝國如斜陽，昔日的光輝已不再復現。

謝晉執意把影片中出現的紫禁城的幾場戲，如軍機處告急、林則徐養心殿面君、衆大臣勤政殿辯論、道光皇帝奉先殿哭祖等，全部處理成雨景（冬天則是雪景），尤其是戰敗後，雨景中的奉先殿前，那對千年銅獅也眼睛微紅，淚珠滾落，一個古老的民族，在這奇恥大辱面前，悲痛地哭泣，東方睡獅不知何日才能猛醒？觀衆正是透過這些場景的審美感受，讓主體的感受融入了一種高遠的歷史時空中，由此激發了一種有無比力度的歷史意識與思想感悟。「鴉片戰爭」所刻意營造的這些畫面（取景構圖），既是電影藝術區別於其他藝術的重要特徵，又是電影話語區別於書寫史學的顯著特色。精心構織的畫面，具有強烈刺激的色彩和光線，都是電影話語勝於書寫史學的表現手段。歷史影片正是借助了電影藝術的這些特點，因而比書寫史學顯得更生動、更形象、更清晰。這多采多姿的表現力，使電影「鴉片戰爭」比書寫史學的鴉片戰爭更具魅力，甚至是難以忘懷的魅力。

五、電影話語：難以企及的吸引力

電影話語所具有的震撼力、表現力和吸引力雖互有區分，但又相互關聯。電影之所以具有震撼力，在於它的表現力，震撼力主要是從影片所包含的思想內涵而言，表現力主要是從電影藝術的特點（尤其是造型功能）而言，正因爲有了前兩點，影片才具有吸引力。然而，一部故事很生動的影片，是需要透過栩栩如生的人物與情節（透過細節）來展現的，謝晉曾經說過：「根據我的經驗，一部電影只要有幾場戲好看，有人物，基本上站住了。」香港導演許鞍華也這樣說過：「好萊塢影片中最成功的是歷史題材的影片，也注重人物內心刻劃與場面表演。」這眞是經驗之談，它頗能切合觀衆的審美情趣與審美要求。

本節所說的吸引力，我們大體遵循上述說法，先述「鴉片戰爭」的人物刻劃，次及「幾場戲好看」（場面表演）一說。

對這種具有世界性意義的大片「鴉片戰爭」而言，如果說思想力度是影片的靈魂，那麼塑造有血有肉的人物就是影片的基本立足點了。

有論者說，不管文藝的觀念多麼複雜，能震撼大多數觀衆的還是人物。歷史巨片的人物，應該是歷史意志的人格化，歷史之所以值得後人以審美態度來面對，就是因爲有這些負載著歷史意志的人格和靈魂（余秋雨：一九九五年一月在「鴉片戰爭」研討會上的發言）。這自然是不錯的，「鴉片戰爭」的成功在於它塑造了一批鮮活的而非圖解式的、獨特的而非概念化的歷史人物，在這一點上，它與書寫史學的平面型的、概念化的文字表述，確要勝出一籌。從一定意義上說，電影的吸引力，在於它的人物，在於對這些人物塑造得是否成功。一些不成功的歷史片，其失敗大概也多歸因於此。

林則徐是影片中的核心人物，我們首先從他談起。

影片從林則徐奉詔進京、看望恩師、君臣

「對話」、委以重任、受命南下、虎門銷煙、整飭官場、直至發配新疆，一個眞實可信的歷史人物躍然於銀幕之上，而非一個被抹上理想色彩的英雄。

在林則徐身上，處處充滿了悖論：他既是禁煙英雄，有著抗擊外國侵略者的雄心壯志，但又是朝廷重臣，需時時聽命於皇上的封建官僚；他是中華第一個睜眼看世界的先行者，但同時又背負有強烈的「天朝意識」；他在長期的宦海生涯中，釀就了他的謀略韜晦，但在對外敵鬥爭中又不免盲目，他篤信的「開戰中方必勝」的信念，使他自己陷於了被動挨打的境地……。他的這種矛盾性格始終在歷史矛盾的漩渦中豐富著、發展著，使他的個人悲劇昇華爲歷史悲劇，從而促使我們陷入歷史的思考。

飾林則徐的鮑國安，不僅與林則徐外形神似，而且在把握整個人物性格發展的脈絡、內心世界與精神風貌上，也是十分成功的。鮑國安說：我飾演林則徐，更注重潛藏於人物內心深層的東西，力避表面化、概念化地表現一種蒼白的英雄主義。這眞是成功者的經驗之談。

「鴉片戰爭」中的林則徐這個藝術形象的成功塑造,使那個「能否超得過『林則徐』」的詰問化爲烏有。事實上，由鄭君里執導、趙丹主演的「林則徐」是在一九五八年前後拍攝的,「鴉片戰爭」中的林則徐，不可能也不應該是距今將近四十年前的「林則徐」的重複，這是因爲，在這期間中國社會發生了深刻的變化,尤其是中國的思想文化界發生了深刻的變化，中國史學界對這段歷史的研究也發展到一個新的水準，因此，這些深刻的變化勢必對製作這部影片的人發生深刻的影響，我們現時代的政治氣氛、學術氣氛和藝術氣氛，都使製作者可以站在一個新的時代高度來面對與重新審視這段歷史，從而作出新的思考，爲我們提供一種新的歷史認識和審美認識，這是五〇年代的電影藝術家所不可能企及的。這就難怪，在世界電影史上，有關二次世界大戰史的電影會綿延不絕，常拍常新。一百多年前的鴉片戰爭，是一個可以供每一代人都能從中吸取精神滋養的題材，它也完全可以常拍常新，過了二、三十年後，如果有人又要重拍這個題材，那他也絕不是謝晉「鴉片戰爭」模式的重現，而是在新的時代條件下，拍出具有新的歷史高度的影片。對此，我們將篤信無疑。

再說道光皇帝。影片透過養心殿爲林則徐開「藥方」、勤政殿與衆大臣辯論、奉先殿與皇子、皇孫哭祖的幾場戲，頗爲傳神地刻劃了道光皇帝的性格特徵。他何嘗不想重振朝綱，讓康雍乾盛世再現，於是決計重用林則徐，消除煙患，使祖宗基業不致在他手中毀滅。他是個思想閉塞的封建君主，但他似乎並不昏庸，他性格果斷，亦富心機，他勤政節儉，夙興夜寐。讀「鴉片戰爭」劇本，對於道光皇帝的刻劃，原先有很耐人尋味的細節刻劃，那就是有多處出現他穿補丁龍袍、衆大臣也投其所好穿補丁官服的情景。尤其是那場戲：道光皇帝扯開龍袍袖上的補丁給大臣們看，責問：「你們果眞像朕這般儉樸麼？」這裡刻劃了一個眞實的道光皇帝，一個封建末世帝王的心態，但很遺憾地被電影所割愛了。

說到底，道光皇帝也是一個悲劇性的人物，封建末世的帝國大廈日傾，他只好眼睜睜地看著割地賠款，而不能力挽乾坤於既倒，他也是一個失敗者，他個人的悲劇則是由歷史悲劇性所決定的。

當代中國歷史學的新水準爲塑造琦善增添了新的色彩，影片沒有把他刻劃成業已有定論的「投降派」代表，一個反面人物，而是給他一個比較確切的歷史定位：他世受皇恩，爲了力保大淸江山，自然要獻出耿耿忠心，他之所以「主和」，也是爲了維護淸王朝的根本利益，在1995年1月召開的「電影『鴉片戰爭』研討會」上有專家指出，琦善並不是眞正意義上的投降派；琦善比林則徐更成熟，因爲琦善更講究策略，之所以主和，是爲了避免淸王朝受到更多損失。平實而言，此論不無可取之處。當然，琦善儘管八面玲瓏，委曲求全，但他的所作所爲仍是不足爲訓的（如電影中他把蓉兒石沉大江的描寫，點明了他作爲封建官僚的極其殘忍的一面）。影片最後，他被「入京候斬」，對林則徐嘆道：「你雖敗猶榮，或許名垂千古；而琦善將身敗名裂，永背罵名……」琦善的悲劇命運，也是歷史的悲劇。

由上可知，「鴉片戰爭」對歷史人物的刻劃，摒棄了那種概念演繹的公式化、臉譜化的傾向，使銀幕上的人物更富於層次感、歷史感。謝晉在談到他對歷史人物的處理時說，我們所要描寫的是一個個有血有肉、完全眞實的人，不是一種概念，一種理念的化身。影片中對林則徐、道光皇帝、琦善的塑造，有力地印證了這一點。

電影「鴉片戰爭」放映近三個小時，是很能抓得住觀衆的，它大氣磅礡，震撼人心，又懸念迭出，好戲連篇。前面所述片中幾個主要人物的刻劃，都是透過一些很精采的戲來展現的。但綜觀全片，我覺得有兩場戲最爲「好看」，說它好看是因爲它深刻的思想內涵是透過生動的乃至是出人意料的鏡語與場景來表現的。

且看一：林則徐查處吸毒官員的一場戲。

兩廣總督府大廳。

紅木桌椅兩廂排開，林則徐、鄧廷楨、關天培北首高坐。衆官員肅然端坐於東西兩廂。大廳中心，置一西洋座鐘。

林則徐：「坐者有無違禁大清律，吸食鴉片。」

衆官相繼：「絕無。」

林則徐：「好極！今日我等共同在此反省自察，只要能坐滿三個時辰安然無恙，敬請上轎回府，如連三個時辰也坐不得，便留下頂戴花翎，停職待罪。」言罷，率先取下自己的官帽置於案上。

衆官同時摘下官帽，放置於案上。

林則徐全神貫注地讀書，渾然不察。

驀然一聲長嚎，兩官員口水亂淌。跌跌地朝簾後鴉片燈撲去，兵勇將他們執出。

林則徐：「請問在座諸公，有無人從來不曾收過一兩賄銀？如有，敬請挺身而出，受林則徐三拜！」

衆官員垂首無語。

總兵韓肇慶突然大吼，向牆角撞去。血流如注，癱軟如泥。

林則徐喝道：「拿下！」轉身向鄧廷楨、關天培：「請兩位兄台同去書院用茶。」

接下便是書房的一場戲，也極精采：鄧、關看見怡和洋行何敬容私造的密冊，上面記錄著十九年來向大大小小的官員行賄的銀兩數字，皆驚恐。此時，林當著兩人的面，拎開炭盆上的藥罐，將密冊投進火中。

這幾場戲都是用來刻劃林則徐的，頗為生動，也頗為傳神，整治官場腐敗這樣一個有深刻思想內涵的嚴肅主題，卻化解在這「官場做戲」（林則徐語）之中，林則徐的浩然正氣，清延官場的腐敗，盡在這場景與鏡語中了。

且看二：英國議會通過對華戰爭撥款的一場戲。

倫敦，議會大廳。

喧鬧中，議長用木槌敲擊：「安靜！安靜！」

一議員：「中國有四億人口，始終被一個皇帝統治著，五千年來說著同一種語言，這太可怕了。我們和他們通商，不是比作戰更明智嗎？」

另一議員說：「每個中國人襯衣下擺都加長一英寸，全英的工廠將要忙碌三十年。」

一位老議員說：「不久前，我剛剛聽到兩個奇怪的名字：孔子和莊子。他們都是兩千多年前的中國人，他們所擁有的思想甚至比蘇格拉底、亞里斯多德還要早還要深刻，……他們的北方有一道萬里長城，南方有一條人工開掘的千里大運河。天哪！他們曾經多麼偉大！這樣的國家即使在睡夢中也深不可測。我們也許可以戰勝它，卻不可能擊垮它。先生們，我這輩子最後一個願望，就是到中國去看看，可我情願游過整個太平洋，也不願意坐一條軍艦前去……。」

顛地遠遠走來，一直走向講台。隨從抱著木箱進入大廳。

隨從從箱中取出一尊青銅器：簋。

顛地：「這是中國兩千年前的青銅器，上面佈滿神靈，代表他們的理想。它是當時世界上最堅硬的金屬。」敲擊一下，大廳充溢奇妙鳴響。

隨從取出一只玉鼓，置於講台。

顛地：「它是中國唐朝玉器。唐朝是中國最輝煌的朝代，占據當時世界文明巔峰。」

隨從取出一只巨大的五彩百蝶置於講台，全場一片驚嘆。

顛地：「它是大清朝藝術品，它如同一個天皇玉帝，渾圓、豐滿、自足。它瞧不起世界上的一切，甚至瞧不起它兩邊的青銅和玉鼓。但是，這麼巨大的東西卻害怕輕輕一碰。」顛地伸手一碰，瓷品落地粉碎。

顛地指著地上碎片高叫：「這才是我給你們的禮物！」

全場死寂。

最後，英國議會以二百七十一票贊成，二百六十二票反對，通過對華戰爭撥款。影片不僅真實而生動地再現了一段被塵封了多年的史實，而且這場英國議會辯論戰，由於演員（包括群衆演員）的高度投入，使這個在異城拍攝的這場戲成了「鴉片戰爭」最值得稱道的「經典場景」。

第三章
影視史學的理論建構

目前，影視史學還處於起步階段，它需要不斷的實踐。現在的問題是，當影視史學的萌發起於青蘋之末的時候，我們就要注意它的理論建構，這種建構不是沒有根基的空中樓閣，而是建立在對已出品的歷史影視片的研究與總結的基礎之上，在這裡，我們且從人們常說的歷史影視中的「重現歷史」或「再現歷史」談起，而後再旁及其他。

一、「重現」：一個有爭議的概念

「重現」(reconstruction)，又稱再現、重演、重建等，這是現代社會生活中一個常用的詞語，人們目睹了不知多少次的太陽從東方升起的自然景觀，當再一次在高山峰巔或海濱沙灘觀看太陽從地平線冉冉升起的動人景象，歡呼雀躍之後，我們就會說它是一種重現（重演）。

但是，「重現」一詞也頻頻地出現在學術研究中，尤其是史學理論的研究中，歷史能否重現，引起了現代學者的關注，並引發了不同的意見。

歷史會不會重現（重演）？

一種意見認爲，歷史是不斷發展的，歷史學家可以研究歷史的發展規律，從而預測歷史發展的未來趨向，但是任何歷史都不能重演。（李桂海：《歷史學既是科學又是學術》）

另有持相類似看法的人也說，如果說一般而言的「可重複性」是指「能夠再現」的話，那麼，在「歷史規律」中則完全不存在這種嚴格意義上的「重複」，因爲歷史是不可能再現的。(王和、周舵：〈試論歷史規律〉)

當代分析歷史哲學的名家卡爾・巴柏也這樣指出：在歷史學裡我們掌握的事實往往非常有限，而且不能照我們的意志去重演或補充。(〈歷史有意義嗎？〉)

另一種意見則與上述不同。

一種作出具體分析的意見認爲：

第一，事物的重演問題，既是本體論上的問題，又是認識論上的問題。說它是本體論上的問題，那是因爲有沒有重演，總是有關事物本身的東西，而不是我們外加上去的東西；說它是認識論上的問題，那是因爲將事物本身所特有的某種東西稱之爲重演，總離不開我們的描述和概括。

第二，重演（重現）一詞有兩種不同的含義和用法。

1.重演一詞可以用來指稱事實或事物的具體內容上的相似。這裡的重演相當於類似或相似。

2.重演一詞也可以被用來指稱事實或事物的某種本質關係或屬性上的同類。這裡的重演，其含義則是指同類。

（張耕華：〈試論歷史的「重演」與歷史學的「預言」〉）

舉例來說：

⑴古羅馬統帥凱撒(Gaius Julius Caesar)於公元前四十四年三月十五日被刺。

⑵美國總統亞伯拉罕・林肯於一八六五年四月十四日被刺。

⑶以色列總理伊札克・拉賓於一九九五年十一月四日被刺。

上述三個具體事例，是否顯示出某種重演性呢？這取決於這三個具體事例的本身的性質（事物的客觀性），也取決於我們的認識方法（認識事物的主觀性）。

衆所周知，人的認識總是由特殊進入普

遍，從個別走向一般，在認識的前一個階段裡，我們要認清的是每一個個別事物的特殊性，研究它們各自特定的時空定位（被刺發生在何時何地、弄清楚它們各自的內容細節，被刺者是死於刀刃、槍彈還是炸藥等），此時，我們不會把(1)、(2)、(3)這三個具體的事例視爲重演，正如哲學家金岳霖所說：「事實既是特殊的，它當然是不能重複的。」（《知識論》）

在認識的後一階段，我們要認清的是並非個別事物的特殊性，而是要從這些個別的、特殊的事例中尋求它們的同一性，亦即它們之間的某種本質的聯繫。這時，(1)、(2)、(3)這三個具體的事例的外在差異性就顯得不那麼重要了，它們由同類而表現爲重演，於是人們發現(1)、(2)、(3)三個事例都呈現出一種重演性。從這意義上而言，歷史不又是可以重演的嗎？倘若以具體細節重演的不可能性（凱撒在出席元老院會議時被政敵多人用利刃刺死，林肯在劇院被刺，翌日傷重而亡，拉賓隨著三聲槍響倒在血泊中）並以此爲圭臬，得出歷史的不重演性，這是沒有說服力的。

總之，抽象地、籠統地談論歷史會不會重演（重現）是沒有意義的。

以上所述，對我們以具體的資料，進一步分析歷史影視片的重現歷史的問題是有啓發意義的。

二、求真：歷史電影的魅力

「鴉片戰爭」是一部歷史影片，「辛德勒名單」無疑也是，那麼已放映過的中國影片「火燒圓明園」、「秦頌」，外國影片「斯巴達三百壯士」、「埃及艷后」等也歸屬於此嗎？

那麼，什麼是歷史影片呢？讓我們拓寬視角，稍稍回溯一下中國大陸學術界在六〇年代初關於歷史劇討論中發表的那篇有廣泛影響的文章，那就是歷史學家吳晗的〈談歷史劇〉，也許對我們引出什麼是歷史影片的問題有某些借鑑作用。

在那篇文章中，吳晗認爲歷史劇應該是這樣的：

> 歷史劇必須有歷史根據，人物、事實都要有根據。……人物、事實都是虛構的，絕對不能算歷史劇，人物確有其人，但事實沒有或不可能發生的也不能算歷史劇。在這一點上，歷史劇必須受歷史的約束，兩者是有聯繫的。
>
> ——〈談歷史劇〉

在談到歷史劇與歷史的區別時，吳晗這樣說道：

> 歷史劇作家有充分的虛構的自由、創造故事加以渲染、誇張、突出、集中，使之達到藝術上完整的要求，具體一點說，也就是要求現實主義與浪漫主義相結合，沒有浪漫主義也是不能算歷史劇的。
>
> ——〈談歷史劇〉

據此，吳晗認爲，他寫的「海瑞罷官」是歷史劇，而把楊家將這類「人物沒有根據，事實沒有根據」的戲，如「楊門女將」、「十二寡婦征西」、「楊排風」等列爲「故事劇」，把「西遊記」、「封神榜」等列爲「神話劇」，認爲它們之間有本質上的差別。

吳晗上述關於歷史劇的見解，雖然過於狹隘，但對於我們界定什麼是歷史影片還是有啓發性的。據我們看來，歷史影片可分爲兩類，一類是狹義的歷史影片，即是有歷史記載與歷史事實的根據，在這基礎上，也可以虛構，進行藝術加工，情節更曲折，使故事更生動，顯然「鴉片戰爭」屬於這類影片。這裡所說，大致上與吳晗上述關於歷史劇的定義相當。

另一類是廣義的歷史影片。其實，所謂歷史影片是相對於現代影片而言的。因此，凡表現反映古代社會人們的生活，表現某一歷史時期有可能發生的事情和有可能出現的人物，即根據歷史發展的可能性原則與邏輯原則去綜合，概括和反映社會生活，即茅盾所說的「按其人其時的條件有百分之百的可能作此事，出此言」（〈關於歷史和歷史劇〉）凡是這類影片都可以歸之於歷史影片的範疇。

本節所論，主要是指的前一類歷史影片，即如「鴉片戰爭」這類狹義的歷史影片，但這並不意味著那些廣義的歷史影片就不具有史學價值，從而否認它們也能展現某種歷史意念與反映某種歷史精神。實際上，這類歷史影片「虛中有史」，「假中有真」，一如金庸的新武俠小說，它在虛構的故事情節的演繹中，也反映了某種歷史眞實，亦即顯示了某一時代某種歷史眞實與歷史本質的東西。

謝晉說，歷史電影的魅力在於眞實（他在這裡所說的歷史電影顯然指的是狹義的歷史影片），此論甚是，學術界評論「鴉片戰爭」，一致的意見是，它眞實地再現了一百五十多年前的鴉片戰爭的歷史。

是的，電影「鴉片戰爭」對那段歷史往事的「還原」，在歷史事件和歷史人物及具體內容細節上的求眞，可稱得上是匠心獨具而不惜工本，謝晉請來了對鴉片戰爭有多年研究並有專著《昨天》（中英鴉片戰爭紀實）的青年作家麥天樞、軍中作家朱蘇進、北京電影學院教授倪震以及劇作家宗福先。他們通盤合作，發揮各自所長，翻閱了數百萬字的史料，十幾次地修改電影劇本，吸收與聽取了不少歷史學家的意見，正是由於他們的嚴肅認眞，「鴉片戰爭」在史實上是禁得起推敲的，這就大大地疏離了那些「戲說」之類的歷史影視片，而具有「正劇」的形式。因此，我們可以說，電影「鴉片戰爭」是源於歷史和忠於歷史的。那種以歷史並不因爲幾件道具的眞而改變它的不可重複性爲由，放棄對「歷史眞實」的追求，是不足爲訓的。

「鴉片戰爭」的製作者對歷史眞實性的追求，是眞誠與鍥而不捨的，它充分顯示在以下幾個方面：

1.實景拍攝，以重現歷史。中英鴉片戰爭的決戰是在海上進行的，「鴉片戰爭」的宏闊場景也有許多表現在海上。五〇年代鄭君里拍「林則徐」時用的是道具船，謝晉拍「鴉片戰爭」決定動用眞船，到海上去拍實景。經過美工師到英國的實地考察，六〇年代初建造的退役軍艦經改建成了大大小小的四十七條船，其中旗艦「威里士尼」號載炮七十四門，是按十九世紀英國戰船精心復原的，原準備在拍完電影後開往香港維多利亞海灣或上海黃浦江陳列、展覽，但卻在桃花島附近觸礁沉沒，令謝晉和衆人痛心不已。

影片中的實景拍攝增添了歷史眞實感與歷史凝重感，電影「鴉片戰爭」用了很多雨打紫禁城的全景圖，更爲顯例，它不僅蘊含深刻的寓意，而且爲影片的悲劇風格塗上了濃厚的色彩。

2.仿眞復建，以再演歷史。影片多數場景，是根據確切的圖書文獻資料，重新搭建與精心複製的。「虎門銷煙」是體現「鴉片戰爭」恢宏氣勢的經典場面，那座銷煙池據原遺址另行搭製後，虎門鴉片戰爭博物館的專家們看後說：「太像了！」，與原物太像的，在影片中比比皆是，如影片中迎送林則徐的天字碼頭，那是踏遍廣州城，最後看中了江邊的那幾棵大榕樹，在那裡建造了一座大牌坊，極好地營造了歷史的氛圍。

「鴉片戰爭」的許多場景是在浙江東陽重新搭建的「十九世紀南粵廣州街」外景基地拍攝的。影片中看到的「一八四〇年的廣州街市」、「粵海關」、「十三夷館」、「煙館」、「妓院」、「酒肆茶樓」、「亭台樓閣」、「小橋流水」、「豪宅」、「棚戶」等等場景，是美工師根據當年英國人繪製的銅板畫復原設計與建造的，幾可亂眞。

3.摹寫舊貌，以復原歷史。這裡說的是對異域風情的復原。拍攝「鴉片戰爭」的時代與五〇年代拍攝「林則徐」的時代已不可同日而語了，那時要拍攝英國的場景，看來只能在攝影棚內搭布景，而不可能像現在去英國採景實拍了。如今看到的英國十九世紀的物景，無一不在那裡拍成的，英國首相辦公室是由大不列顛博物館的一間藏書室改製而成的；著名的英國議會辯論那場戲，是在牛津大學一間寬敞典雅的閱覽室裡拍攝的，數百名「議員」按歷史舊貌精心打扮，個個入戲，維多利亞女王爲一條新鐵路通車剪綵的場景，是在倫敦郊外的一個老式火車站拍攝的，那女皇的裝束、軍樂隊的服飾、火車頭上的徽標等，使人們彷彿回到了維多利亞時代。十九世紀的異域風情，盡在這多姿多采的鏡語中了。這種對歷史舊貌的刻意「摹寫」，是爲了復原那時的歷史環境，增加影片所表現歷史的眞實度。

綜上所說，這裡所說的電影「鴉片戰爭」對眞實歷史的重視，從根本上來說還只能是對那段歷史的「摹寫」與「複製」，客觀存在的歷史是不能復原的，客觀存在的歷史與歷史影片的製作者所要反映的往事之間是有距離的，這就是海登・懷特所說的「甚至於連歷史上任何小事件也無法重現」，即使是現代克隆技術也無法做到這一點。因此，這兩者之間永遠是一條漸近線。

這裡再補充一則很生動的資料來爲此作證，它說的是爲了紀念滑鐵盧一百七十五週年，英、法、美等國「再戰」滑鐵盧，以重溫拿破崙舊夢，據記載如下。

> 他們穿著極爲考究的華麗服裝，就像過去士兵們出征前接受檢閱一樣。他們，隨著橫笛和鼓聲行進，羽飾飄搖，短裙擺動，刺刀直豎，銅鈕扣和金鑲邊在驕陽照耀下閃閃發光。然後他們揮舞著旗幟，成群結隊地衝進戰場，相互攻擊。加農炮發出陣陣叢鳴，淹沒了滑膛槍射擊聲，當騎兵殺進來時，馬啼聲如同暴雷一般震撼大地，與此同時，士兵們呼喊著湧入兩軍之間的「死亡區」。……

這次模擬戰爭，是由那些拿破崙的崇拜者精心設計的。爲了眞實地再現歷史的原貌，戰鬥過程及具體細節都是由軍事史學家完全按照史書的紀載進行的。但是，一八一五年的滑鐵盧戰役這一客觀存在的歷史，已一去不復返了，一百七十五年後的今天，再來重現當年的這場戰鬥，只能是對歷史原貌的一種「摹寫」與「複製」，而且不管如何精細，一九九〇年的「滑鐵盧戰役」與一八一五年的滑鐵盧戰役之間，永遠只能是一條漸近線。不是嗎？一八一五年的滑鐵盧戰役死傷數達四萬七千人，而一九九〇年的「滑鐵盧戰役」只有一隻野兎喪生，這也許是被奔跑的戰馬踢死的。

但是，觀衆卻在歷史影片對歷史的「複製」與「摹寫」中，看到了歷史電影的魅力，並在這種「鬆軟的歷史」中接受了比書本與課堂上要生動形象得多的歷史知識的教育。

三、典型化：追求符合歷史本質的真實性

歷史影片對歷史原貌的「摹寫」與「複製」，對特定時代歷史眞實的追求，就其所要達到的「重現歷史」來說，還只能是外在的、直觀的與淺層次的，為了達到在內在的、思辨的與深層次上「重現歷史」，歷史影片還有許多工作要做。

就我們看來，歷史影片要「重現歷史」，更要注意歷史本質的揭示，歷史意念的傳承，歷史精神的弘揚。因而，歷史電影藝術家並不以

對歷史眞實的「摹寫」爲滿足，他們有更高的意圖，用德國戲劇家萊辛（G. E. Lessing）的話來說，就是：

> 戲劇家並不是爲了純粹歷史的眞實，而是出於一種完全不同的更高的意圖；歷史的眞實不是他的目的，只是他達到目的的手段。
>
> ——《漢堡劇評》

萊辛在這裡所說的「更高的意圖」，與我們所說的歷史影片更重在對歷史本質和歷史精神的揭示是相一致的。換言之，即是要透過歷史事實的眞實性，進而尋求符合歷史本質的眞實性。

歷史與歷史影片的關係，是要求前者與後者一模一樣，還是歷史精神的一致？如果是前者，實在是不可能做到的。完全與歷史相符合的歷史影片是拍不出來的，拍出來了也沒人看。因此，我們以爲，歷史影片與歷史只能是歷史精神的一致，不可能也不必要與客觀存在的歷史完全相符。

為了達到這樣的目的，歷史影片是有廣闊的藝術天地的。讓我們還是以「鴉片戰爭」為例來說明這一點吧！

「鴉片戰爭」不是歷史教科書，它是電影藝術作品，雖然它的創作要受到客觀存在的歷史的約束，但它還應遵循藝術創作的一般規律。在此，用得上吳晗在〈談歷史劇〉中的另一段話：「一句話，歷史劇要求反映歷史實際的眞實，也要求對歷史事實進行藝術的加工，使之更加強烈，具有高度的感染力量。在歷史條件許可的情況下，劇作家完全有權創造某些故事，當然也有權略去某些歷史事實；集中突出某一部分，刪去略去某一部分，是完全可以容許的。」

的確，歷史電影要拍得好看，就要創造某些故事，就要對素材進行提煉和概括，透過藝術的想像和虛構來完成。

「鴉片戰爭」的故事很好，實際上它是經過想像與虛構的，如對情節的虛構，影片中有怡和洋行買辦何敬容私造行賄官員密帳，繼而林則徐燒毀密帳以調動地方官員共同抗英的故事，這種虛構不僅對塑造林則徐的大智，而且對推進整個影片的發展，都起到了重要的作用。劇作家以歷史的考證中發現大清官員「愛大清也愛銀子」的史實，於是，就出現這一令人難忘的神來之筆。

「鴉片戰爭」中出現的主要人物，都有堅實的史實依據，但女主角蓉兒卻是一個虛構的人物。

且看「鴉片戰爭」的場景——

蓉兒彈著琵琶，唱道：
炮台清涼潮水暗，
國門半開任狼竄，
將軍餘恨隨風去，
雨打紅棉淚漣漣。

曲調幽婉淒清，它道出了人間的不幸，也訴說著自己的哀怨。

蓉兒，十九歲，暢春院姑娘，是一個「身

爲煙花女子，但有肝膽氣節」(電影中何善之語)的處於社會下層的普通中國人，但這個虛構的人物，影片中的蓉兒卻不是一個可有可無的人物，她的存在有其合理性。

蓉兒故事的設計有其藝術合理性。據知，蓉兒的故事情節是劇作家宗福先、朱蘇進與女作家王安憶從電影藝術的角度設想出來的，從何府園林與何善之幽會、顚地暢春院驚夢、英軍營地勞軍直至蓉姑娘沉江等故事情節，一個煙花女子，但有肝膽、知信義、有正義感的藝術形象，活生生地出現在觀衆的面前了。

比照歷史影片「秦頌」，那裡所杜撰的櫟陽公主與高漸離的情愛關係，由於缺少人物行爲的動機和行爲的目的合理性、可信性，因此，當高漸離在宗廟與公主作愛，櫟陽癱瘓的兩腿突然站立時，此情此景令人「匪夷所思」。由於影片中比較惹眼的櫟陽公主的戲的失敗，非但沒有以此爲刻劃嬴政的形象起到陪襯作用，反而因高與公主情欲的過多展示，實際上有可能變「秦頌」爲「情頌」，從而偏離了創作者意欲透過秦王嬴政這一形象的塑造來引發對歷史、社會與人生的思考。

於是，我們又想到了王元化在「鴉片戰爭」研討會上的發言，他這樣說：

> 藝術創作中的想像要與歷史結合起來，撒謊不能與想像、虛構相聯繫。

我們無意說「秦頌」關於櫟陽公主與高漸離情愛關係的設計是「撒謊」，但「鴉片戰爭」關於蓉兒的設計卻是藝術的想像與虛構，因爲，在那裡，人物有其行爲的動機和行爲的目的合理性、可信性。爲什麼有些影片（包括歷史影片）被責之爲「胡編亂造」，在很大程度上，影片中的主要人物之行爲動機、行爲目的，缺少合理性和可信性，因而也就難以取得觀衆的信任與認可了。

蓉兒故事的設計不僅有其藝術合理性，而且還有其歷史合理性，這種想像是有其歷史根據的。這裡先引梁啓超的一段話：

> 中古及近代之小說，在作者本明告人以所紀之非事實；然善爲史者，偏能於非事實中覓出事實。例如《水滸傳》中「魯智深醉打山門」，固非事實也，然元明間犯罪之人得一度牒即可以借佛門作逋逃藪，此卻爲一事實。《儒林外史》中，「胡屠户奉承新舉人女婿」，固非事實也，然明清間多曲之人一登科第，便成爲社會上特別階級，此卻爲一事實，此類事實，往往在他書中不能得，而於小說中得之。須知作小說者無論騁冥眞想至何程度，而一涉筆敍事，總不能脱離其所處之環境，不知不覺，遂將當時社會背景寫出一部分以供後世史家之取材。……
>
> ——《中國歷史研究法》

將梁氏所論，移之於歷史影片，我們也可以這樣說，「鴉片戰爭」中虛構的蓉兒故事種種，固非事實也，然在近代中國，像蓉兒這類社會下層者，既受封建統治的迫害，又受外國侵略者的蹂躪，在精神上與肉體上都變得麻木，愚昧起來，此卻爲事實也。因爲它符合那個歷史時代，而爲那個時代有可能發生與出現的。因此，蓉兒這個角色從總體上也是符合歷史眞實的。由此可見，評論一個歷史人物的眞僞，要看其在特定的時空中所展示的是否符合這一特定的社會情境，亦即特定的歷史環境和特定的時代背景，並有其內在的邏輯演變，倘如是，又被正確地表現出來，並爲觀衆所辨識和認可，這樣，人物的行爲與目的也就不再是「匪夷所思」，而有其合理性與可信性了。這就是眞實的，這種眞實感也是一種歷史的眞實感。

還必須指出，影片製作者把蓉兒形象定位爲一個備受欺凌的弱者，以蓉兒的悲劇命運來強化對我們民族精神中屈辱、蒙昧、麻木等負面的抨擊，這是可取的。倘把她設計成一個反抗型的人物（如義軍領袖的女兒或「江湖女俠」什麼的），就有可能沖淡這種歷史的抨擊力量，而與全片的悲壯風格似不協調。當然，這部影片不乏有壯烈場面，也著實地反映了我們民族中不屈不撓、勇於犧牲與頑強反抗的精神，但這不應由蓉兒這樣一個弱女子來完成的。

我們回到前面所引的萊辛的言論，從「鴉片戰爭」中虛構的蓉兒一例，可以進一步領會這位德國戲劇家所說的「更高意圖」之含義。尋求符合歷史本質的眞實，這正是「鴉片戰爭」製作者們的追求，也是他們尋求的「更高的意圖」。

符合歷史眞實，是一部歷史電影的基礎，但歷史影片製作家卻有「更高的意圖」，這就是要把歷史的眞實性與藝術的眞實性有機地結合起來，進行藝術再創造，影片中所要表現的人與事已不是歷史上的人與事的簡單再現，它應當是也可以是被典型化了的，一如「辛德勒名單」中的辛德勒，與其遺孀在回憶錄中說他丈夫其實並非英雄是有反差的，那麼「鴉片戰爭」中的林則徐也不是鴉片戰爭中林則徐歷史原型的複製，遑論琦善和道光皇帝了。對歷史眞實的至誠的追求，又賦予它以藝術想像力和創造力的翅膀，在這種前提下，我們可以說「詩比歷史更眞實」。

典型化，文學藝術的創作原則，也是電影藝術應當遵循的創作原則。沒有提煉和濃縮，缺少集中和概括，這樣的電影必然是事件的堆積、人物的排比，這樣的電影必然是一盤散沙，它還能感奮與震撼觀衆嗎？

在典型化的背後，蘊含歷史影片所要追求的符合歷史本質的眞實性。電影「鴉片戰爭」透過對那段令人難忘與屈辱歷史的追問，意在揭示「落後就要挨打」這一至理名言，這是符合歷史本質的眞實性，歷史影片所要重現的歷史，不只是一味要求外在的、直觀的與淺層次意義上與歷史事實的一致，而更重在與內在的、思辨的與深層次意義上的歷史本質的吻合，重視歷史，重在與歷史精神的相符，「鴉片戰爭」所揭櫫的歷史精神既是像謝晉那樣的當代中國電影藝術家現實主義藝術光輝的一次寫照，也是對鴉片戰爭歷史的一次深刻的反思，一次民族正義感、民族道義感的「藝術發言」。細細品味這部影片，我們不難察覺，經過了四十年，當代中國的電影藝術家實際上已經擺脫了那種憂國憂民的主戰派加上群衆性的抗英鬥爭來表現鴉片戰爭的模式，而是以現代的歷史觀念重新詮譯一百五十多年前的這場民族悲劇，這就更深刻地揭示了歷史的本質，更深刻地反映了歷史精神。正是從這一意義上，我們說「鴉片戰爭」成功地重現了歷史。

那麼，觀衆是否可以從歷史影片中學習到歷史知識呢？回答是肯定的。一部優秀的歷史影片，正是透過對某一歷史時代的本質反映，使觀衆從中瞭解到那個時代的人們的思想、生活、重大事件、重要人物、民情風俗等。歷史影片正是從作品所反映的某一時代的思想和精神，讓人們去瞭解那個時代的歷史的。大衆社會中的許多人，不可能進大學歷史系學習，他們的歷史知識有許多是從影視片中得來的，在現時代，一個明顯的趨勢是，越來越多的人將主要從影視片中學習歷史知識，因此，歷史劇應起到普及歷史知識的作用，當然它不應傳播錯誤的歷史知識。問題是，觀衆不必也不應把歷史影片當作具體的眞實的歷史去接受，須知，歷史影片所反映的是歷史本質的眞實，而不是某個歷史事件與人物的具體的眞實。同樣，歷史學家也不應以歷史學的標準來要求歷史影片，這就牽涉到影視史學與書寫史學的更深一層的關係了。

第四章
影視史學與書寫史學

以上由歷史影片的個案分析，我們可以很清晰地看到影視史學的長處。確實，當它勃興時，就構成了對書寫史學的挑戰。在這種學科挑戰與應戰的雙重變奏中，催發了影視史學的成長，增添了書寫史學的活力，正是在這種學科的互補與反饋中，史學作爲文化中的文化，不管是影視史學還是書寫史學，都邁出了一大步。

一、敍事：影視史學與書寫史學的交匯點

自海登·懷特關於影視史學的「經典」定義發表至今，也將近有十年左右的時間了。不管怎樣，先出的懷特的定義是不可忽視的。在這裡，我們暫且借用他的說法，把透過歷史影視片來傳達歷史以及歷史見解的稱之爲「影視史學」，而從事此項工作的人（影視工作者）稱之爲「影視史學家」；與其相對應，把透過書面文字來傳達歷史以及歷史見解的，稱之爲「書寫史學」（或「書面史學」），而從事此項工作的人（歷史學者）稱其爲「書寫史學家」，這是我們的「工作定義」，倘有識者有更好的說法見世，當及時採納，或修正上述說法。

關於影視史學與書寫史學的比較，我們且從兩種不同的敍事話語談起。這裡的「影視材料」，我們仍以電影爲主。

可以這樣認爲，敍事是影視史學與書寫史

學共同的一個特徵。

這裡先看敍事之於書寫史學的情況。在此，先引古羅馬統帥、兼卓越的歷史學家凱撒的一段記載：

> 凱撒首先把自己的坐騎一直送到老遠看不見的地方，後來又命令把所有別人的馬也都這樣送走，讓大家都面對著同樣的危險，不存逃脫的希望，然後對士兵鼓舞了一番之後，立即令他們投入戰鬥。兵士們居高臨下，擲下輕矛，很容易地驅散了敵人的方陣。敵人散亂之後，士兵們拔出劍來，朝他們衝殺過去。
>
> 最後，他們因受傷累累，支持不住，開始撤退，向離當地約一英里的一座小山逃去，我軍緊追於後。
>
> ——《高盧戰記》

讀這段敍事，簡潔、明快，但我們不難看出它的時序性、因果性和目的性。這裡的時序是：凱撒安置自己的坐騎發生在他下令送走所有戰馬之前，士兵奮勇衝殺、敵軍受挫，發生在「我軍緊追」之前，可以發現，凱撒率領戰士進行的這場戰鬥，都是貫穿在這同一天內。

讀完這段記載，我們能理解這場戰鬥前後的因果聯繫，送走全部戰馬（表明凱撒與士兵風雨同舟，命運與共）、鼓舞士氣與下達戰令是戰士奮勇殺敵的原因，敵人潰逃，「我軍」追擊是這場戰鬥的結局。

說到目的性，這裡要對凱撒寫作《高盧戰記》的背景及特點作點補白，方可作進一步的分析。公元前五十八年至四十九年，凱撒任高盧總督，但這在千里之外的首都羅馬，他的政敵麇集在一起，整天在背後造謠中傷他，用盡心機計算他，如果不是爲了反擊政敵的污蔑，抱有一定的政治目的，凱撒根本不會在這戎馬倥偬之中去舞文弄墨，寫作《高盧戰記》的。凱撒敍事，往往是寓論於史，冷靜凝重而不失客觀，在最需要辯白的地方，他沒作半點辯白。這裡所記與赫爾維提人的一場戰鬥，貌似平靜、客觀（在這裡用的是第三人稱），但卻意在刻劃凱撒本人身先士卒、指揮若定的將才。倘人們對此渾然不知，是很難從他的這種直陳式的敘事中，讀出一點什麼來的。這種崇尚自然、不尚雕琢的史學風格，一直爲後世史家所稱道。不過，透過這一清如水的敘事，其目的性，也就昭然了。

在這一點上，影視史學亦然。這裡從電影「辛德勒名單」中略舉一例，以茲說明。

> 高特的浴室。猶太少年里夫在彎腰擦浴缸。高特出現在鏡子中，小孩趕忙直起身子但仍低著頭，他膽怯地向高特報告：「司令官，對不起，我擦不乾淨您的澡盆。」司令官伸手摸了摸澡盆裡的髒，對小男孩說：「你應該用鹼刷。」他看了男孩一會兒說：「走吧，里夫，我赦免你。」

這是德國納粹司令官高特槍殺猶太少年里夫內景中的一個鏡頭，是接下來的外景戲中槍殺里夫的前奏。高特說的「我赦免你」是跟著辛德勒的「我赦免你」的鸚鵡學舌，他要揣模這句話的滋味，於是，高特的「我赦免你」便成了下一場景槍殺少年里夫的「原因」。既然「我已赦免了你」，怎麼會有後面的槍殺事件？這正是「辛德勒名單」中的出人意料的鏡語，觀衆被弄懵了，正是在這種表面看來似乎不可理喻的因果聯繫中，導演史匹柏深刻地刻劃了高特的嗜殺成性和反覆無常，令人震驚，也令人回味。

在電影藝術中，敍事話語無疑是它的各種構成元素中最基本的和最具表現力的一種。早在電影的草創年代，從電影之父盧米埃至梅里愛時代，敍事就與電影結下了不解之緣，到了格里菲斯時，電影敍事由於蒙太奇手法的運用，它終於成了透過銀幕敍述故事的一門藝術。在世界電影發展史上，有所謂「一看就懂」的美國好萊塢式的經典敍事原則（情節曲折，通俗易懂）以及「必須動一番腦筋才能看得懂」的法國電影學派（故事晦澀，情節迷亂，濫用技巧）的關於敍事話語的爭論。

在新時期的中國大陸電影界，滋生了一種

「反敍事話語」的趨向，他們在衝破傳統的敍事模式和敍事語言束縛中，拍出了一些探索性的爲中外電影界所稱道的影片，但這種反叛最終也陷入了困惑。論者強調指出，「反敍事」(或「反電影」)，乃是反叛傳統電影，消解經典敍事模式，構建新電影新的敍事話語，即非連續性敍事與心理敍事話語，而不應否定敍事，取消敍事。(溫秀通、萬麗玲《影視美學新走勢》)還是匈牙利電影理論家伊芙特・皮洛說得好：

> 有人聲稱現代電影取消或淡化敍事，這是一個明顯的謬見。恰恰相反，現代電影增強了敍事能力，因爲它拓展了這種能力，使之能夠表現戲劇性的理念訊息。
>
> ——《世俗神話——電影的野性思維》

我們當然要構建新的敍事話語。但是，倘若背離了廣大觀衆的審美傳統，取消或淡化敍事，漠視電影敍事的故事完整性、情節性、生動性，其前景也許是不容樂觀的。

二、「虛構敘事」與「實錄敘事」

影視史學與書寫史學都需要借助敘事，這誠然是不錯的。但兩者是有不同的，倘前者可稱爲「虛構敘事」的話，那麼後者就可稱之爲「實錄敘事」。

「實錄敘事」這是萬千歷史學家畢生孜孜以求的目標，它是傳統史學典範的基石。公元二世紀的古代作家盧奇安（Lucianus，一譯硫善），提出了「如實敘述」的明確主張，他說：

> 歷史家務使自己的頭腦有如一面明鏡，清光如洗，纖塵不染，照見人臉，絲毫不爽；這樣，他才能如實反映出生活的現實，既不會歪曲眞相，又不會使之失色。歷史家撰述史實，不像小學生寫空想的文章；歷史家要講的事件已經擺在他的面前，既然是眞實的事件，他就不得不如實直陳，所以歷史家的任

> 務，是把現成的事實加以整理，用文字記錄下來，他不需要虛構他所敘述的事情，而只需要考慮敘述的方法。
>
> ——《論撰史》

這是盧奇安對古希臘與古羅馬史學的總結，自此至十九世紀蘭克的「如實直書」與「消滅自我」，這種「實錄敘事」成了西方史學一以貫之的傳統。在中外傳統史學那裡，敘事首先指的是一種歷史著作的編纂體例，用敘事體寫作史書，是與傳統史學所倡導的政治軍事史的主旨相一致的。其次，敘事還被看作是歷史學家的一種基本素養，陳壽撰《三國志》，時人稱其「善敘事，有良史之才」，可見前人多把「善敘事」同「良史之才」相提並論的。再次，歷史學中的「敘事」主要又是指在語言表達上的造詣，劉知幾曰：「夫史之稱美者，以敘事爲先」，「夫國史之美者，以敘事爲工」，則是從美學角度對歷史撰述，尤其是語言表達方面所提出來的要求。上文所說凱撒及所引《高盧戰記》

片斷，也大體包含了這幾層意思，尤其是後一層的意思。

「實錄敍事」與「虛構敍事」的一大區別是傳達媒體的不同，前者依賴書寫文字以反映歷史，後者則是以影像或聲影，借助聲音、光線、畫面和蒙太奇等手法來表現過去，此外，前者以具體確鑿可靠的史實敍述往事，後者則透過藝術的方式，透過虛構與想像，概括與提煉事件，塑造典型化了的人物，以再現歷史。

書寫史學篤信「實錄敍事」，影視史學崇奉「虛構敍事」，一個是「實錄」，一個是「虛構」，兩者似乎是兩軍對陣、森嚴壁壘的。其實不然。透過這外表的差異，我們分明可以看到影視史學家與書寫史學家都試圖將他們所認識到的內容透過敍述的形式重現出來，兩者在許多方面是有共同性的。試論列如次：

1.都融合了自己的主體意識。影視史學家，不管是史匹柏的「辛德勒名單」，還是謝晉的「鴉片戰爭」，在歷史影片中都注入了各自對歷史的激情，人們無不感受到他們的脈博隨影片而一起跳動，他們生命的火焰在燃燒，這是顯而易見的，此處不再贅述。書寫史學家，特別是那些崇信「消滅自我」、「如實直書」的人，卻以奉行的「客觀主義原則」而不動搖，此說實在是自欺欺人，即使有人眞心這樣想，也只可能是一種無法實現的夢幻，因爲正如愛德華•卡爾所說，「他（歷史學家）既是他所屬的那個時代的產物，同時又是那個社會的自覺或不自覺的代言人。」（〈歷史是什麼〉）即便是歷史文獻或史料的編纂，也絕非資料的陳列，也是自覺或不自覺地在某種思想支配下進行的，故而懷特說：「專著性的歷史論文其建構或『塑造』的成分並不亞於歷史影片」，建構總是一種主體行爲，更不必說在特殊歷史時期爲了某種目的而蓄意弄虛作假了，如那張著名的「周建人與其兄嫂魯迅、許廣平及作家孫伏圓在一起」的歷史人物照片（一九二七年十月四日攝於上海），竟刪削了孫福熙和林語堂，使這張原先的六人合影照變成了四人照，理由是非常可笑的：因爲孫福熙在1957年的政治風浪中犯有錯誤，而林語堂多年來一直被視爲「反動文人」。「文革」時代的眞假顚倒、是非不分以及蓄意作僞的「主體行爲」，由此可見一斑。因此，在敍事話語的隱蔽處，盤圜著特定歷史階段的人們的價値觀念與價値判斷，反映著歷史學家所潛伏著的心聲。若再仔細讀一讀凱散的《高盧戰記》，對此就可有進一步的理解了。

我們還可以從傳統史學所奉行的「實錄敍事」在二十世紀所受到的挑戰，進一步說明這個問題。二十世紀以來，世界史學有一個轉向，即從蘭克式的「客觀主義史學」轉向主觀主義史學，提出「一切眞歷史都是當代史」、「一切歷史都是思想史」之類的口號，說什麼客觀存在的歷史「只存在於我們的頭腦中」，這是歷史撰述中的先驗主義傾向。從倡導「實錄敍事」到一切歷史都存在於歷史學家的心靈中，當然反映了國際史學在曲折前進中的步伐。但是，不管是「客觀主義原則」也好，「先驗主義」傾向也罷，歷史學研究中這兩種傾向，看似對立，實質一個，都是不能正確評估作爲主體的歷史學家對歷史客體的作用，從而陷入了歷史的泥淖。

2.都需要進行藝術的加工。對此，影視史學自不待言。問題是，書寫史學家寫作歷史作品，是否需要「藝術的加工」，回答應該是肯定的。一碗沒有任何佐料的炒飯，加一杯白開水，看來是激不起食慾的；同樣，表述呆板，用詞平庸加之邏輯混亂的文章，也是鮮有人閱讀的。海登・懷特在談到兩者在這一點上的相似性時說道：「每件書寫的和影視的歷史作品一樣，必須經過濃縮、移位、象徵、修飾的過程。」(《書寫史學與影視史學》)中國歷史名著如《左傳》、《史記》、《資治通鑑》等，外國歷史名著如《歷史》、《伯羅奔尼撒戰爭史》、《羅馬帝國衰亡史》等，都是經過藝術加工的，都是包括懷特所說的「濃縮、移位、象徵、修飾」。前輩歷史學家翦伯贊就這樣認爲，歷史是生動活潑、豐富多彩的，歷史著作就不應「周誥殷盤、詰屈聱牙」，而應在不影響科學性的原則下，盡量生動一些（《秦漢史》序）。他寫的學術名著

《秦漢史》，是世所公認的文字生動、可朗讀的佳作。

史之爲務，必借於文，歷史的寫作，必借助於文學，如關於歷史文字表述的煩簡問題，中國古代史學批評家就十分看重，且多有評斷，劉知幾曰：「夫記事之體，欲簡而且詳，疏而不漏，若煩則盡取，省則多捐，此乃忘折中之宜，失均平之理。」（《史通・煩省篇》）這是對史文煩簡的公平之論。史文的煩簡如此，那麼史文的佈局謀篇、遣詞造句等亦是如此，更不必說史文主題之深化與意境之深邃了。上述所說，即爲「史才」，這是一個優秀的書寫史學家所應具備的。書寫史學家需要求眞的精神，但也不可缺少影視史學家的激情與靈感，這裡的區別在於，書寫史學家不可以虛構與想像取代歷史的研究，從而使眞實的歷史變成虛假的歷史。凡製造謊言、揑造事實和歪曲眞相的行爲都是醜陋的，一個眞正的歷史學家應該遠離和拒絕這些醜陋的東西。但是，抽象的理論思維與生動的形象思維，這兩種能力對一個書寫史學家來說，都是不可或缺的。

在這裡，就牽涉到歷史學究竟是科學還是藝術的這一歷久不息的爭論，克麗奧到底姓什麼呢？史學史的發展進程告訴我們，歷史學自誕生以來一直被由它本身的性質決定的矛盾困擾著，有人說，歷史是科學，不多也不少；也有人說，歷史是藝術，一種只能憑想像才能成功的藝術，於是從近代，尤其是十九世紀以來，西方史學界對此有過相當激烈的爭辯，兩種意見，各執一端。對這一與生俱來的關於歷史學性質的爭論，也許永遠不會止息。不過，在我看來，以下一位歷史學家對它的概括是很精采的，也是可取的，他說的是：「理想的歷史學，應該既有科學性，又有文學性；應該既作結構的分析，又作事件的敍述；應該既是總體的宏觀研究，又是具體的微觀研究，總之，應是以上兩個方面的完全的結合。」(陳啓能：《史學理論與歷史研究》)。

3.最後是兩者的宗旨相同。歷史學者張廣智曾這樣指出過：

> 歷史學的價值就在於使人類瞭解自己的過去，從而無所畏懼地迎接來自現實的挑戰，並滿懷信心地走向未來。
>
> ——〈史學，文化中的文化〉

倘此論不謬，不管是影視史學借助影像視覺的手段，還是書寫史學透過書寫的方式，它們都有其共同的目標，那就是爲實現史學文化的社會價值與認識價值而作出各自的貢獻。

三、挑戰應戰與互補反饋

一九九三年七月，台灣學者在討論美國版的《太平洋世紀》與台灣華視版的《太平洋風雲》的研討會上，廣泛地涉及到了影視史學的問題，其中周樑楷教授的「影視史學的時代來臨了」一語乃是驚世之言，對一向比較沉悶的史壇來說，不啻具有振聾發瞶的作用。

是呀！晚近以來，這個比較沉悶的史壇變

得比較不沉悶了，你看：計量史學的時代來臨了，之後又說心理史學的時代來臨了，這之後又說比較史學的時代來臨了，這之後又說口述史學的時代來臨了（以上排列並非嚴格按時間爲序，事實上也難）……影視史學的時代來臨了，大有一番「你唱罷來我登場」之勢，這種變換的史學景觀也是一道令人稱羨的「文化風景線」。

在史學史上，史學的新陳代謝雖也不絕如縷，但其轉換之快則是當世之事。這當然是我們值得期盼的，儘管許多人還沒有足夠的思想準備，尤其是對影視史學，有的甚至連聽也沒有聽說過。但不管怎樣，影視史學這一史學的新生代，從其出現之日起，就構成了對傳統的書寫史學的挑戰，在這種情況下，傳統史學將面臨著嚴峻的考驗，也許史學文化正是在這種挑戰與應戰的學術競爭中，不斷地邁出了它自己前進的步伐。

有一點是肯定的，影視史學的出現，促進了書寫史學的重新定位。這裡所說的「重新定位」，就我們所想到的，暫列幾點如下：

1.更新史學觀念。從一定意義上說，史學的變革，都是以史學觀念的變革爲前導的。倘仍拘泥於傳統的史學觀念，當代西方新史學中的計量史學、比較史學、心理史學、口述史學等，都可能是不屑一顧的了，遑論影視史學。這就關涉到對什麼是歷史學、歷史學家的職責及其作用、歷史學應按什麼方向發展等一系列問題的重新思考。要確立包括影視史學在內的各種新史學的學科地位，固然就其自身來說還需要做許多紮實而有效的工作，但對歷史學觀念的更新與歷史學家自身觀念的更新看來是迫在眉睫的了。當然，更新什麼史學觀念，以及如何更新它，都還是需要進一步討論的。

2.拓寬史學的研究範圍。在書寫史學家的筆下，傳統史學的關注點是政治軍事史，而且是精英人物的政治軍事史，題材陳舊，內容狹窄。影視史學的出現與西方「自下而上看」的歷史觀的影響密不可分，影視史學的發展又促進了這種歷史觀的進一步蔓延，由此對書寫歷史學家以巨大的衝擊，如以美國當代的公共史學（public history）爲例，書寫史學家在那裡一展身手，他們史學研究的範圍從協助制定政府決策到文化資源的管理，再到婚嫁、娛樂、飲食、衣著等，史學簡直成了一種無所不包的東西，一如影視史學家那裡所展現的萬花筒般的現代影視節目那樣。在這種情況下，書寫史學還能墨守陳規、劃地爲牢嗎？

3.推動史學方法的革命。多少年來，書寫史學家靠的是紙筆，在歷史的故紙堆中爬梳，史海鈎沉，探幽索微，尋求眞諦。但是，現代自然科學的最新技術運用於史學而帶來的革命化變化，如「計量革命」，引起了史學方法論上的一系列革命。這回該輪到影視史學了，它透過借助現代影視高科學技術，在生動再現往事方面，顯示出了巨大的優越性，如在史匹柏一九九七年的最新電影作品「失落的世界」中，由電腦專家設計，再採用機械模型，精心製作了恐龍模型，它把這種史前動物維妙維肖地呈現在銀幕上，製造出了一種「虛擬實現」，令人目瞪口呆，拍案稱奇。看來，書寫史學所拘泥的傳統史學研究方法再也不能維持下去了，運用新的技術手段、新的方法已是刻不容緩的事。

影視史學與書寫史學相比，它在表現人物與事件時所表現出來的某種「攝人心魄」的震撼力；在表述手段方面，所顯示出來的某種多采多姿的表現能力；它擁有廣泛的受衆階層，這種影響既是直接的又是潛在的，既是表層的又是深層的，既是現實的又是長久的。對此，書寫史學是不能望其項背的。

在當代學術的跨學科趨勢強有力的影響下，歷史學也進一步從封閉的圓圈中走了出來，歷史學與其他學科（與自然科學、與社會科學諸學科）的交相匯合已成爲當代史學發展的一個顯著特徵。如歷史學與地理學、歷史學與社會學、歷史學與心理學、歷史學與語言學、歷史學與人類學、歷史學與數學等的交匯，產生了諸如歷史地理學、歷史社會學、心理史學、歷史人類學、計量史學等新的分支學科。這些新的分支學科，兼具各自母體科學之長，又成爲與各自母體學科連接的橋樑，如計量史學，兼有歷史學與數學的特性，也成爲歷史學家與數學家溝通的中介。

歷史學與其他學科的交匯，需以互補與反饋爲基礎。影視史學，是歷史學與現代影視，特別是現代影視技術結合而產生的一門新學科，學科之間的互補與反饋也適用於它。歷史學從現代影視中找到了自己的新的位置，現代影視因與歷史學的交匯而賦予自己以凝重的學科使命。

事實也越來越是這樣：當代書寫歷史學家在歷史研究中，已逐漸把視覺影像材料（如照片、電影）作爲書寫論述的一個組成部分，而不只是作爲書寫文字的一個無關緊要的輔助材料，有的一張珍藏的歷史照片所顯示的某一特定的歷史情景，確要勝過書面文字表述的好多倍。例如，在山東書畫社新近出版的《老照片》一、二輯中，一幅幅頗具歷史內涵的老照片，映照出百年來人類的生存與發展，如「珍藏在法國的民末清初照片」將世紀初中國社會的風物、民俗、市景等一一再現，很好地起到了寓歷史情懷追踪於直觀的老照片中，其所要表述的歷史情景，不是書寫史學透過文字的描述可以輕易代替得了的。

由此，我們應明確到，影視史學所使用的「詞彙」、「文法」和「句法」是與書寫史學大異其趣的。正如懷特所指出的「現代史家必須自覺，分析視覺影像時的『解讀』方法和研讀書寫的檔案是截然不同的。」又說：「選擇以視覺影像傳達歷史事件、人物及某些過程的那一刻，也就決定了一套『詞彙』、『文法』和『句法』」(〈書寫史學與影視史學〉)。

然而，互補與反饋這一學科之間交匯與溝通的原則，也完全適用於影視史學與書寫史學。固然影視史學有其自身的優點與特點，但它不可能也沒有必要取代書寫史學。影視史學也有其局限性，與書寫史學相比，它長於敍述而短於分析，書面的歷史著作透過對歷史資料的考訂與組織，可以告訴讀者過去究竟發生了什麼，爲什麼會發生這些，它還可以透過分析和注解等方式，介紹與評述不同的史學觀點，讓讀者瞭解歷史，瞭解歷史解釋的複雜性與多樣性，歷史電影雖然也可以透過畫外音或字幕對影片所要傳達的主題作出一些批判性的思考，但電影主要是透過劇中人物和情節的處理來實現的，影視史學從總體上看來，這種線性化的表述與鮮有更複雜的批判性的思維，正是需要從書寫史學那裡得到補償的。而影視史學所具有的那些突出的長處又恰恰是書寫史學所欠缺的。

關於影視史學與書寫史學的關係，是否應該這樣：在挑戰與應戰中，更新各自的學科建置；在互補與反饋中，相互取長補短。影視史學家與書寫史學家都應以平等的態度看待對方，須知兩者都有共同的局限性（如它們對歷史事件與歷史場景都無法全盤傳眞出來），看來完全也只能是這樣：互補共榮，互斥共衰。

第五章
影視與歷史教育

探討影視與歷史教育的關係問題，也是影視史學的題中應有之義，因爲它牽涉到影視史學的成敗與興衰，也關係著歷史教育的效果與趨向。一旦當歷史教育借助影視媒體，並與其結緣而密不可分的時候，那麼歷史教育的增進將與日俱興，而影視史學更是如同插上了翅膀，像鳥兒那樣，在藍天中自由翺翔。

一、歷史教育：一個不應被遺忘的角落

談及歷史教育，劈面遇到的問題就是：什麼是歷史？對此，一本權威的百科全書這樣寫道：

> 歷史一詞在使用中有兩種完全不同的含義：第一，指構成人類往事的事件和行動；第二，指對此種往事的敍述及其研究模式。前者是實際發生的事情，後者是對發生的事件進行的研究和描述。
>
> ——《大英百科全書》

舉例來說，一七八九年法國發生了大革命，這是實際發生的事情，是歷史的第一層含義；而後人諸多的對這場革命的記述及其研究（如米涅的《法國革命史》、卡萊爾的《法國革命史》、馬迪厄的《法國革命史》等）就是歷史的第二層含義了。

我們這裡所說的歷史教育，主要就歷史的第一層含義而言。李大釗對這一含義作過很生動的記述，他說：「歷史這樣東西是人類生活的行程，是人類生活的聯讀，是人類生活的變遷，是人類生活的傳演，是有生命的東西，是活的東西，是進步的東西，是發展的東西，是周流變動的東西。……」(《史學要論》)

人類的歷史可謂久遠矣。地球上出現了人，也就開始了人類歷史的發展進程，迄今已有二、三百萬年了。有文字可考的人類文明史，也有數千年的時間了。在人類文明發展的悠悠歲月中，我們看到，它既有遲緩的漸進，也有快速的飛躍，干戈與玉帛交織，理性與暴力重合，歷史的運動與運動的歷史猶如一條奔騰的江河，永不停息，「青山依舊在，幾度夕陽紅」，「古今多少事，都付笑談中」。它也猶如一幅色彩斑爛的畫卷，在那裡，昔日的繁華已煙消雲散，風方一時的英雄倒下了，令人扼腕嘆惜；卑鄙無恥的小人得勢了，「一朝權在手，便把令來行」，什麼「高揚」之類的胡謅最終也成了歷史的笑談！英雄與小人的錯位，不由讓人生出「萬事翻覆如浮雲，古人空在今人口」的歷史感慨。它還如同一面變幻莫測的鏡子，從中照見了眞善美，也照見了假惡醜，歷史的宏富與豐贍，正如論者所歸納的：「歷史，是人類社會的歷史，它是由人們的有聲有色的活動構成的，又是在各色各樣的社會關係中實現的。橫看，它由人們經濟的、政治的、思想的等等關係所構成，有無限豐富的內容；豎看，它波浪起伏，前呼後擁，永不停頓地向前。」(項觀奇：《歷史科學概論》)

如此看來，歷史並不是與現代人毫不相關的已逝的往事與行動，生活在現代社會中的人們，當他們邁步前行，同時也需要回首往事；向前走得越遠，越要向後回顧，此所謂往古的跡象，乃當代的鑑誡，後世的教訓也。

所以，歷史的宏富既爲歷史教育的豐潤創造了條件，也爲教育的宗旨指明了方向。歷史教育，旨趣深遠，豈可小視，正如公元一世紀時的羅馬作家西塞羅(Cicero)所說過的那樣：

不知道你出生之前的歷史的人，永遠是個孩子。

西塞羅在這裡所言，顯然說的是歷史的重要性，但他對於歷史教育的重要性，則無論述。就歷史教育的主旨，其犖犖大端，論者夥矣，這裡只強調二點：

第一，從大的方面而言，學習歷史，可以瞭解過去，認識現在，推測未來，揭示人類文明發展的方向。

從表面看來，歷史千變萬化，紛紜複雜，似一綑亂痲，沒有頭緒。特別是歷史的結局，有時又令人目迷五色，百思不得其解：戰爭爆發於和平條約墨跡未乾之時，陰謀起於談笑風生之中，百姓受煎熬，暴君任逍遙；不是嗎？蘇東劇變，改變顏色，似乎發生在旦夕之間。

但是，歷史又是有序的，有道是，歷史的經驗值得注意，說的正是人們可以透過外表似乎無序的歷史現象，汲取歷史的經驗教訓，悟出人類歷史發展的未來方向，從而達到「理有固然，勢有必至」的境界，這就是人們通常所說的歷史發展的「規律」了。這個「規律」，大體是人類將沿著從低級到高級、從簡單到複雜的方向前進，人類在長期的歷史發展過程中，已逐步擺脫了蠻橫、愚昧和黑暗，向著公正、理性和光明的社會前進。不管它在今後的發展進程中還會發生多麼大的曲折與坎坷，但黃河九曲，最終將流向大海，由此看來，對人類前途持悲觀的態度，人類只能永遠受制於歷史束縛的觀點，都是不足信的，認爲歷史不能有預見的作用、不能在歷史教訓中推測未來的觀點也是不可取的。

我們篤信，歷史可以鑑誡當代，可以教訓後世，可以察古知今，可以展望未來，歷史的功用大矣！

第二，從具體的個人方面而言，學習歷史可以增長知識，陶冶情操，成爲服務於現代社會所需要的人才。

歷史是知識的海洋，歷史是智慧的結晶。它讓人們悟出，怎樣處世，怎樣行事，怎樣做人，怎樣做一個符合於現代社會要求的智者。是的，正如西儒培根所說，歷史使人明智，歷史教育對培養與開發人的智力關係密切，所謂「智力」，它大體包括一個人的想像力、判斷力、記憶力、表達力，現代教育科學證明，歷史教育在培養與開發人的智力上，將起到很重要的作用。因爲歷史教育，不僅透過傳授歷史知識，達到開拓眼界的目的；而更重要的是，透過歷史知識的教育，可以培養人們分析問題與解決問題的能力，學會透過現象，洞察事物本質的能力，這就可以使人們以高屋建瓴之勢觀察事物，以赤誠純樸之心敦風化俗，以振聾發聵之情敏於思考，這無疑有益於人的智力與智能的增進。

如此看來，在現代化的發展進程中，現代人要承擔社會重任，選擇各項專業工作，需要接受各方面的專業知識的教育與專業技能的培訓，但在這諸多教育中，歷史教育應爲首務，並且是一種最基本的素質教育。

不管從哪一方面而言，歷史教育的意義都

是無與倫比的，在實現現代化事業的今天，歷史不應該成爲一個被人們遺忘的角落，須知，一個遺忘歷史的民族最終也將被歷史所遺忘。

二、以影視促進學校的歷史教育

現代社會的歷史教育，是應透過多種渠道進行的。在這裡，我們用得上當代德國歷史教育學家，西格弗里德·匡特(Siegfried Quandt)所提出的「歷史溝通」(historical communication) 一詞的說法：

> 歷史溝通這個概念包括所有的活動和機構組織內，只要它們參與社會（或社會與社會之間）的溝通且有助於歷史意識的產生，都屬於這個範圍。
>
> ——《歷史溝通與歷史教學》

依匡特氏之見，歷史溝通的含義相當廣泛，不過大致上可分爲兩大類：一是各級各類學校所進行的歷史教學；另一是向全體國民所進行的歷史教育，前者主要是在課堂上透過老師的傳授進行的，後者的歷史教育實際上是融匯在一個社會化的大課堂中。但不管是哪一類，借助大衆影視媒體，則是進行歷史溝通最有效的方法。這裡先說影視與歷史教學的問題。

傳統的歷史教學，在傳統的歷史觀的制約下，講授的是政治軍事史，內容多是統治階級中的「精英人物」的行動史，正如義大利歷史哲學家克羅齊（B. Croce）所揭示的，「在那份歷史中，僧侶們進行欺騙，朝臣們玩弄陰謀，賢明的帝王則想出並實現良好的制度，那些制度由於別人的惡意和人民的無知而受到攻擊，幾乎歸於無用。」（《歷史學的理論與實際》）

傳統的歷史教學，不僅範圍狹隘，內容枯燥，而且傳授形式單調，基本上是採用「滿堂灌」的方式進行的。筆者在小學讀歷史時，現在回想起來，老師穿插歷史故事，講得還傳神生動；隨著讀初中、高中至大學歷史系本科，無論是中國史還是外國史的教學，「理論」越來越「深」，歷史的趣味與韻味則日漸減少，可回味的東西實在是太少了。正如周樑楷所說：「傳統學院裡過份正典的氣氛，的確封殺了許多學生的想像力和活潑的心靈。」（《影視史學與歷史思維》）

傳統歷史教學在內容與形式上的單調，必須革新，必須把原本內容豐富的歷史還給歷史。內容的革新與方法的改革是多方面的，但借助現代影視媒體爲課堂的歷史教學服務，這是富於形象、易於接受也易於實施的教學方法。台灣古史專家杜正勝院士這樣指出過：「至於好的歷史劇對於歷史教育或歷史教學所產生的作用，往往勝過好書，視聽媒體所帶來的感官和心靈之感動是空口白話或白紙黑字無法比擬的。」（〈從歷史到歷史劇〉）此外，他又說道，歷史劇不會虧待歷史學，反而刺激或迫使歷史學家思考一些嚴肅的學術課題。這裡所言，當然涉及到另一個論題了。

以影視促進歷史教學，可以運用多方面的

材料，歷史影片無疑當屬首選。歷史影片可以分爲歷史記錄片（documentary film）和歷史劇情片（歷史故事片，historical drama）。關於歷史劇情片，我們在前面討論頗多，這裡就記錄片作爲歷史資料的價值略說一二。

記錄片作爲歷史研究與歷史教學的輔助價值也是不可忽視的。粗分一下，這種記錄片可分爲兩大類：一類是當時拍攝的「新聞記錄片」，如對當時拍攝的美國前總統雷根一九八一年三月三十日遇刺案，那時放映，是爲「新聞」，但現在看來，已成了「舊聞」（歷史）了，正如賓・布德利的「名言」所云：「新聞是歷史的第一步初稿」，這類資料可謂是浩如煙海，這就爲後人提供了各種各樣不同的史料來源，豐富了歷史學研究。

另一類是由專業史家與影視工作者合作，確定某一專題（人物的或事件的），對已有的記錄片資料，進行剪輯與合成，重新製作成爲一部（或系列）敍述的記錄影片。如大陸在一九八九年放映過的「河殤」以及上文曾提及過的美國版的「太平洋世紀」和台灣版的「太平洋風雲」等。

通常以爲，記錄片具有記實的性質，尤其是前一類片子，一般說來這是不錯的。但是，即使是這種記實性很強的記錄片，它的取鏡、拍攝角度、光線以及後來的剪輯等，都融入了拍攝者的主體意識，不可能做到完全的客觀，以爲記錄片放映出來的都是眞實客觀的，這也是一種幻覺，更不必說，有些記錄片或電視新聞片爲達到某種目的，當時就由導演製造出來的「僞影」，如有過一幅很有名的表現抗戰刼難的照片：一個小孩坐在鐵軌中，只見他全身都是灰燼，似乎已被戰火燒著，大哭不止。其實，這是一張「僞影」，攝影者本人說道，爲了拍這張照片，他是特意把那個小孩抓著放到那裡，且拍了好多次才拍成功的。

但是，上述兩類記錄片，都是可以透過分析研究，結合文獻資料，用來輔助歷史教學與研究工作的。如有人研究三〇年代的新聞片資料，發現當時英國首相張伯倫在攝影機和麥克風前，極善於演講，能夠說服廣大民衆，這是英國公衆相信他所提出的「我們時代的和平」的論調的一個重要原因，研究三〇年代英國政治和外交的歷史學家，如果只知道研究文獻、手稿而捨棄了新聞記錄片，那就有可能忽略了一個重要的方面，其教研工作將是有缺陷的。

在教學中運用記錄片，需要注意的是：

1.分析影片的內容、背景和創作意圖，這需要結合有關文獻資料來進行，這是總體分析。

2.分析影片中所展示的某個人物或某個事件，這也需要結合有關文獻資料來進行，這是個體分析。

3.從影視技巧角度，如鏡頭的運用、光線的明暗、剪輯的取捨等來進行分析，這需要學習有關的影視知識，請教影視藝術家。

我們相信，只要選材得當，認眞分析，記錄片一定可以起到補充書面文獻史料的不足，並充分發揮這種影像資料的生動直觀的特點，在歷史教學（或歷史研究）中起到很好的作用。

在以影視促進歷史教學方面，台灣中興大

學周樑楷教授在理論與實踐上都頗具建樹，值得在此作爲範例說明影視與歷史教學之間的關係。

透過影視輔助歷史教學，尤其是在討論「歷史劇情片」（歷史故事片）的虛實與教學的關係時，周樑楷提出了「虛中實」和「實中實」兩個概念。

歷史教師面對一部故事生動、細節逼眞而情感強烈的歷史劇情片時，首先要關注它的虛與實的問題。所謂「虛中實」，即是要在歷史劇情片虛構的故事情節中要能表達出歷史、社會及人生中的眞實面和普遍性；如果虛中還是荒謬，那麼這部作品就一無可取了。歷史劇情片雖說有較多的自由可以虛構情節，然而其「虛」之中不能沒有「實」；而嚴肅的歷史作品，則要求「實中實」，在相當眞實的史料證據及歷史解釋中，也應該能表達出歷史、社會及人生中的眞實面和普遍性。但這類作品，也不能是空闊而無生趣。周樑楷提出的「虛中實」與「實中實」這兩個概念至爲重要，這是影視史學中正是要著力討論的問題。他的有關論述與筆者在前面所表述的看法也是相吻合的。

在教學實踐中，周樑楷採用了許多行之有效的方法，以培養學生的想像力，增進他們的歷史意識。如他以「青少年次文化中的歷史圖像為議題」，進行專題討論。一位學生以「尼羅河的女兒」為例，討論了漫畫與歷史的關係；一位學生以「三國志第九代」為例，討論電玩裡的歷史圖像；一位學生以「品牌與社會階級」為例，討論生活空間與歷史圖像的關係……透過這些討論，旨在讓學生弄淸歷史圖像與歷史文化的關係。又如，他以卡通影片「機動戰士」和兩張慈禧太后的照片為例，要求學生解析圖像的意義，讓學生在討論中盡量發揮自己的自由思想，收到了良好的教學效果。

周樑楷以影視促進歷史教學的作法，在理論上與實踐中的探索皆有成效，在他那裡，歷史再也不是一種枯燥無味的說教，課堂也成了「再造眞實與生趣得兼」的場所，這是值得海峽兩岸同仁認眞學習與效法的。

三、以影視促進國民的歷史教育

對國民進行歷史教育，是實現歷史學宗旨，尤其是體現它的社會功能的主要途徑之一，其意義更爲重要，它關係到一個民族的整體素質，一個國家的精神風貌。一個國家，一個民族，如果忘記了歷史，背離了自己民族的優秀的歷史傳統，就會淪落爲一個愚昧無知的民族，而一個愚昧無知的民族顯然是難以完成現代化的宏偉大業的。

十九世紀的德國歷史學家翁肯這樣說過：

> 歷史是民族的教師，國民教育的工具和激起愛國思想的武器。

因此，在實現現代化的過程中，歷史教育應成爲一個國家國民教育的一個不可或缺的組成部分。我們當然要重視各級各類學校中的歷史教學，並且日漸改進這方面的工作；但是，我們更要重視整個社會的歷史教育，讓歷史從書齋中與教室裡走出來，走向大衆社會，使之與人們生活保持著某種不可分離的永恆聯繫。

爲了使歷史永久地與大衆社會與大衆生活保持著「歷史溝通」，在這裡，需要借助大衆媒體，以影視媒體促進國民的歷史教育則顯得尤爲重要與可行。不是有「電視是一種鬆軟的歷史，是文盲也能看懂的歷史」（余秋雨語）之說嗎？請回顧一下，歷史巨片「鴉片戰爭」在一九九七年七月在大陸其後在香港與台灣上映的盛況吧，其震撼力，其對整個華夏民族的震撼力，不必說任何一部同類的書寫史學的作品根本不能與之相比，也遠遠勝過其他大衆媒體（如廣播、報紙等）所能起到的社會效應，這可與歷史題材電視劇「根」在美國播映時所出現過的轟動相媲美。

說起美國對歷史教育的重視，其經驗確實值得我們借鑑。儘管美利堅民族只有短短的二百多年的立國史，但對每個國民的歷史教育，尤其是美國史的教育歷來都十分重視，在大學各科，美國史是必修課程，理由很簡單：在每個學生成爲各個專家之前，你首先是一個美國公民，那麼，你就應該懂得美國的歷史。一八九〇年美國歷史協會主席約翰・傑伊的「告別演說」即題爲：「需要開展美國史教育」，這是上一世紀末的事。步入二十世紀，美國新史學派奠基者魯濱遜又呼籲：「普通人應該具有歷史知識」，並在《新史學》一書中，列專章縱論歷史教育與現代工業化之間的關係。進入九〇年代，美國歷史學家組織主席路易斯・R・哈倫 (Louis R. Harlan) 在年會的主席演講中，強調指出：應當恢復歷史課在中小學課程中的中心地位，從而有助於啓迪民衆，適應現代社會的需要。在這篇演說詞的最後，他說：「教育的目的在於啓迪民衆，而歷史學將有助於這個目標的實現。因爲它研究的是人類各個時期的天才和愚蠢，榮耀和卑劣，以便讓人們獲得一種能夠指導當今行爲的綜合學識。」(〈社會課程改革與歷史學家〉)

歷代美國的歷史學家，對國人呼籲要接受

歷史教育，其教誨可謂是苦口婆心，不厭其煩。歷史學家對歷史學宗旨的敬意、對歷史學社會功能的敬重，與對國民歷史教育的敬業，令人讚嘆與稱美。

在美國現代化的進程中，大衆化的歷史教育借助影視手段，又貼近社會，聯繫現實，因而受到了民衆的歡迎。許多歷史學家不僅寫作歷史傳記、歷史小說，而且也直接參與歷史電影劇本的創作，如歷史學家韋勃編劇的「德克薩斯突擊隊」被派拉蒙公司拍成電影，女史家格爾達·勒內寫了歷史影片「像我一樣黑」。現代電訊聲像技術被廣泛運用於社會的歷史教育中，歷史影視片的不斷出品，激發了公衆的歷史感，以及他們要求瞭解過去的渴望；又如在博物館與一些歷史遺址採用聲像設備以逼眞地再現過去的歷史，吸引了公衆對歷史的廣泛興趣；此外，還有群衆性的「全國歷史日」等名目繁多的全民性活動，也大大地激發了大衆尤其是青少年學習歷史的熱情。

誠然，在邁向現代化的進程中，古老的歷

史學科確實面臨著嚴峻的挑戰。在現代美國，也會遇到類似我們前幾年常說的「史學危機」之類的困惑。「他山之石，可以攻玉。」不管怎樣，美國歷史教育啓示我們，應該運用包括現代影視手段在內的各種方法，生動地、持久地對國民進行歷史教育；國民的歷史教育至關重要，應該把它提高到爲完成現代化而必不可少的一個組成部分的高度來認識，唯其如此，才能進一步實現歷史學的宏旨，也才能順利地實現現代化的宏偉事業。

第六章
影視史學的發展前景

影視史學既是當代史學大家族的新生代，又是對克麗奧古典形象的一種復活與創新。所謂「復活」，說的是它回復到邈遠的古代史學與文學水乳交融、史學與藝術相映成輝的年代，那是歷史學的誕生年代；所謂「創新」，說的是影視史學這一當代史學的新品種，不是也不可能是古代文史糅合傳統的復原。影視史學的新形象是當代的，它從歐美向外傳播，這是在現代化的浪潮衝擊下，歷史學所發生的轉型與重構的一個側影。

一、復活與創新的雙重奏

西方史學從古典時代以來就奠立起自己的傳統，自此史學的發展進程朝著既保持傳統又有革新的方向前進。

公元前五世紀，一位希臘人，被稱爲「歷史之父」的希羅多德 (Herodotus) 及其傳世之作《歷史》的問世，奠定了西方歷史學發展的基礎。在他那裡，其作意境廣遠，其書資料豐瞻；佈局引人入勝，富有魅力，描述人物，衆態紛呈，栩栩如生，語言華麗，行文流暢。重要的是他會指引你前行，使百聞化爲一見。去讀讀《歷史》吧！它將把你自身投入到豐盈浩瀚的希羅多德的大河之中。在這部著作中，已有了最初的世界文化史的意念，它爲我們展示了古代世界近二十個國家與地區的廣闊的社會風貌。希羅多德對非希臘東方文化的讚頌，顯示了這位西方古典史家的「世界眼光」，雖則他心中的「世界」只是當時古希臘人所知的「天下」。不管他書中穿插了多少靈異的故事，出現了多少次神、多少次無稽的夢兆，所有這些都不能掩蓋《歷史》中所體現出來的一種本質特徵，一種從歷史自身去詮釋歷史的本質傾向，這正是歷史學之成爲歷史學的第一步。正是在這個意義上而言，是希羅多德，而不是別的什麼人，教會了西方人應當如何編寫歷史，他可稱得上是西方史學上的第一座豐碑。

希羅多德奠立了一種編史傳統，這種編史傳統學界通常稱之爲「社會文化史傳統」，其特點是視野開拓，內容宏富，力圖展示人類文明發展的各個方面的情景。但在稍後，比希羅多德晚出二十幾年的古希臘另一傑出史家修昔底德（Thucydides）撰《伯羅奔尼撒戰爭史》，則開創了另一種風格，其書內容集中，專記政治軍事，思想文化只寫不提，這就是我們在前面經常提到的西方史學中的政治軍事傳統，在古典時代，這兩種傳統，並不是平分秋色，而是由修昔底德爲代表的政治軍事史傳統獨占鰲頭。

這種狹隘的政治軍事史的史學傳統，由古典時代延及近世，竟成了西方史家紛紛效法的正宗模式。然而，自十八世紀以來，由於啓蒙運動的勃發，理性主義思潮的高揚，歷史學家不僅進一步摒棄了基督教的神學傳統，而且決意衝破傳統史學所設置的內容狹隘的弊端，提出了文化史的觀念，從而使歷史學的領域得到了開拓。「回到希羅多德」，亦即復興社會文化史傳統，這一口號得到了許多史家的響應，其中，法國啓蒙運動領袖、歷史學家伏爾泰（Voltaire）撰《路易十四時代》，爲西方史學的發展指明了一個新的方向。

伏爾泰爲克麗奧樹立了一個近代形象，一個不同於古典時代的克麗奧的新形象。這是因爲，自希羅多德時代以來，西方社會正發生了巨大的和深刻的變化。降及近世，由於資本主義生產方式的進步，近代歐洲民族國家的崛起與發展，特別是「地理大發現」以來，世界形勢的變化，資本主義的商品經濟打破了昔日封建農本經濟的閉塞狀態，撤除了一個又一個自給自足的小天地的藩籬，航海業的發展已越出了內海與沿海的界限，而日益發展爲跨越大洋的、新舊大陸之間的世界性遠航，西方傳教士也不斷從異域爲西方人帶來了無數聞所未聞的新知識。

這一時期自然科學的長足進步，更起到了雙重的推動作用：一方面推動了西方社會的變革與進步，加速了各國近代化的進程；另一方面，又促進了歷史學，尤其是文化史研究的興起。就這樣，歷史學面臨著幫助人們重新認識過去、正視現在、探索未來等一系列問題。這一系列變化與所要解決的問題，都促使西方歷史學家的視野不斷地得到了開拓，「回到希羅多德」口號的重新提出正是近代以來西方社會所發生的深刻變化在史學上所激起的一種回響，一種有別於公元前五世紀古希臘時代的歷史前進的回響。伏爾泰對社會文化史傳統的復活以及進而他對近代文化史研究的建樹，使他成了名副其實的「文化史之父」，對十九世紀乃至整個二十世紀的文化史研究無不帶來深遠的影響。

傳統具有頑抗性和堅韌性的特點，由修昔底德所確立的西方政治軍事史傳統亦然。它自古典時代發軔，除了受到近世文化史家的一些衝擊之外，卻世代相繼，即使在伏爾泰對政治軍事史傳統發起衝擊的十八世紀，篤信這種傳統的仍大有人在,如以寫作《羅馬帝國衰亡史》而風靡西方史壇的英國歷史學家愛德華·吉本（Edward Gibbon），即在其書中公開宣稱：「戰爭和政治是歷史的主要課題。」到了十九世紀的蘭克，更是把這種傳統推向極致，由此也引來了「歷史學世紀」的到來，因爲十九世紀，是西方傳統史學達於極盛，亦即蘭克所一再標榜的「科學的」歷史學執牛耳的時代。

由此，我們可以看到，自古代迄至近代的政治軍事史傳統的盤根錯節與實力雄厚，不是嗎？蘭克所倡導的「如實直書」的影響至今仍難以泯滅；但革新的力量，自文藝復興以來也在不斷集結、匯合，它如同冰層下的激流，一旦破冰而出，必將銳不可擋，於是便有了本世紀開始的新史學思潮的萌發，日益衝擊著傳統史學的堤壩。再到了本世紀五〇年代中葉以後，新史學便終由附庸而蔚成大氣，成爲西方史學的主潮。然而，即使在新史學如日中天的時候，也不乏有對傳統史學復歸的呼聲，由此可見，西方史學中的守舊趨向與革新潮流是犬牙交錯、互爲依存的，但總的看來，影視史學作爲克麗奧的一種當代形象，它的出現乃是新史學發展進程中的產物。

二、精英史學與大衆史學

「歷史之父」希羅多德爲克麗奧確立了一個古典形象，「文化史之父」伏爾泰爲克麗奧樹立了一個近代形象，現時代將爲克麗奧塑造出一個更加美好的未來形象，我們在這裡主要說的是影視史學。

史學，作爲文化中的文化，它致力於人類

的整個文化領域，對一個國家的民族文化的發展，其積極作用是不可泯滅的，這種作用，既是多方面的，也是多層次的。以後者而言，歷代思想家、政治家於歷史知識的運用中，闡發自己思想、政見，以尋求治國安邦的方略，這便是史學對高層次文化所發生的影響。此外，我們可以看到，史學在走出「精英」的圈子之後，就會在更廣闊的意義上，對大眾社會產生廣泛的影響。

晚近以來，學界有「精英文化」(elite culture) 和「大衆文化」(mass culture) 之爭，尤其是法蘭克福學派的理論家們對後者更進行了幾代人的悉心的批判研究，論述頗多。不管怎樣，大衆文化自二次世界大戰後勃興於世界各地，這也是不爭的事實。本書所論及的影視史學的出現，也應當屬於大衆文化的範疇。

從史學史的角度看，在我們看來，歷史學大體可分爲兩大類別，對此學界所列名稱不一，或曰「基礎歷史學」與「應用歷史學」，或曰「正規史學」與「非正規史學」，或曰「學術性史學」與「通俗性史學」等等，不一而足。在此，倘與前面所說的「精英文化」與「大衆文化」相對應，我們不妨給其一個相應的分法：「精英史學」與「大衆史學」。

關於精英史學與大衆史學，我們無意爲它們作出一個很明確的界定，但兩者相較還是可以看出一些差異的：

1.就史學研究的範圍與內容而言，精英史學所要表現的是政治、軍事，是歷史上那些「精英人物」的政治和軍事活動，如在蘭克看來，歷史就是按年表記錄下來的重大政治、軍事和外交事件，他所要著重表述的就是這些事件中傑出人物的活動。而大衆史學所要展示的比前者要廣泛與豐富得多，在現當代，由於在「自下而上看」的歷史觀的影響下，表現普通民衆的生活、習俗、行爲、婚嫁、心態等已成爲時尙，我們可以從當代某些新社會史家如英國霍布斯邦（E. Hobsbawn）那裡，不難看到他筆下所描繪的那些最低層的人的形象，與精英史學所要表現的是不同的。歷史的主題，往往被政治、軍事之類的「經國大業」所占據，但歷史的主體，卻是普通人的平凡生活。精英史學所津津樂道的是「經國大業」，而大衆史學則有志於表現普通人的平凡生活，在這裡，兩者顯示出了差異。

2.就其史料來源而言，精英史學所注重的是原始的文獻資料，而且尤留意官方的檔案文獻資料，以為這樣就可以寫出眞實可靠的歷史。與精英史學不同，大衆史學的取材非常廣泛，民謠、俗語、詩詞、戲曲、話本、畫像、碑銘、壁畫、服飾、工藝品、建築物以及其他各種遺物都成了史料，都成了可以重視人類往昔不可或缺的「憑據」。在大衆史學家看來，圖像史料不也是史料嗎？一些珍藏多年的老照片，一部反映二次世界大戰的影片，不也可以列入史料的範疇嗎？Video為他們提供了一個重要的史料來源。從這裡，我們可以看出，兩者對史料的差異反映了史學觀念上的變化。

3.就其表現形式而言，精英史學是書寫史學，它大體是透過書寫的編纂方式而顯示它的成果的。大衆史學不只是依賴書寫的方式，而採用多樣化的表現手段，如說唱、演出、廣播、電影、電視等，尤其與口述史學有著緊密的聯繫，即使是書面形式，不像精英史學那樣「正規」，那樣精深，也是多樣的，如有歷史故事、歷史劇、歷史小說等。

4.就其受衆階層而言，精英史學的「精深」、它的坐而論道、它的旁徵博引，決定了它只能在學界專業圈內覓求知音，而不能在大衆社會流傳。大衆史學，則不同了，它擁有廣泛的受衆階層，以影視史學來說，一部歷史影片「鴉片戰爭」在海峽兩岸的上映，不知吸引了多少觀衆。我並不認爲，只有在少數人中閱讀的史學作品就是精英史學，但大衆史學的作品則一定不是供少數人「消費」而是爲大衆社會的廣大民衆所享有的。

5.就其品位及功能而言。精英史學追求學術價值的恆久與理論的精深，與大衆史學的作品相比，它自視「淸高」，屬於「陽春白雪」一類，因此，它的功能是致力於學術的承繼與發展。然而，我並不認爲大衆史學就是「下里巴人」，大衆史學就是「史海一瓢」之類的小文章，就是不能登大雅之堂的「雜耍」；恰恰相反，優秀的大衆史學的作品，如歷史影片「鴉片戰爭」，如歷史作品《光榮與夢想》、《八月炮火》等，也是精品，也是可以登堂入室的。在大衆史學那裡，更強調歷史的當代性，強調歷史學家要以當代意識去觀照歷史，賦予它更強烈的現實意義，也就是說，它比精英史學更注重歷史的社會效用與教育功能。但就總體而言，大衆史學的功能則主要是透過生動活潑的形式，對受衆者進行歷史教育，普及歷史知識。

以上所列，並不能囊括精英史學與大衆史學的分野，同時，還需指出的一點是，這兩者並非在所有的方面都是截然對立的，基礎與應用、正規與非正規、學術性與通俗性，總之，精英與大衆之間存在著某種相互制約、相互依存、相互補充、相互轉化的辯證關係。有些史學作品，如黃仁宇的《萬曆十五年》，出版後深受大衆社會廣大讀者的歡迎，因而在坊間流傳甚廣，但它也獲得了學術界的好評，你說它屬於哪一類作品呢？在我看來,像《萬曆十五年》這類作品，它既屬於大衆史學，也可歸於精英史學，兩者的界限似是糢糊的，史學應是多元的，而不是單一化的。可見，唯有透過對不同出版物和不同社會階層購書旨趣和購書量的具體分析，對作品問世後社會各界的不同反響，才能顯示出它們兩者不同的品格。這使我們看到，上述對歷史學的兩分法，也是有其缺陷和弊端的。

三、從歐美向外廣佈

影視史學發端於歐美，這是無疑的。早在二〇年代中葉前後，英國一家廣播公司就開始關注教育與現代各種新媒體之間的關係。在這裡，值得一提的是英國生物學家兼新聞記者H・G・韋爾斯 (H. G. Wevls)，他在運用現代新聞媒介普及歷史知識方面作出了卓越的成績。他先於一九一八年至一九一九年編寫《世界史綱》，又於一九二一年推出《新的歷史教學》一書，更從一九二七年開始，不時透過英國廣播公司（BBC），向大衆普及歷史知識。尤其是他以一位非專業史家的身分，立意改變十九世紀民族主義橫行史壇所帶來的偏狹與局限，改變西方社會的廣大讀者對非西歐地區的陌生與無知，寫出了與傳統的世界史模式迥異的風格一新的《世界史綱》，初版後又不斷修訂，一再重版，深愛讀者的歡迎，其價值迄今未滅，重譯的中文新版本在八〇年代中國大陸問世後，依然得到了人們的青睞。學界論道：「韋爾斯可以說是二十世紀對大衆歷史教育最有影響的人物之一。值得注意的是，早在一九二七年，他已察覺到影片在教育上具有無限的潛力。」（周樑楷：〈以影視輔助中國史教學〉）當然借助電影和電視，向大衆社會普及歷史教育，這在四、五〇年代的英國才得到了進一步的發展。

在美國，對大多數歷史學家來說，在二〇

年代上半葉，對影像的「歷史證據」仍是不夠重視的，例如，歷史學家奧康納指出：在已出版的三本探討三〇年代美國政府對於大草原乾旱地帶的政策以及公衆對這一問題認識的學術著作，未能引用美國安置管理局在一九三六年攝製的有關開闢大草原的影片資料，而對文字手稿資料又十分偏愛，這說明大多數的歷史學家將電影電視僅僅看作是娛樂的手段，史學界在當時仍缺乏將影視片作爲歷史資料加以利用和分析的方法。

晚近二十年來，歐美歷史學家日漸改變了上述情況。以美國而言，其中一個重要的表現是原先歷史學家忽視到參與歷史影片的攝製過程，但是當歷史題材的電視連續劇「根」和「大屠殺」上映後所引發的轟動效應，大大地鼓舞了歷史學家投入這一新的工作領域的學趣與信心。在八〇年代，即在一九八三年和一九八五年，美國歷史協會主辦了兩次影視史學的專題討論會，並在該協會出版的《美國歷史評論》中，另闢專欄，評論歷史影視片的史學價值，一九八八年十二月出版的該刊，發表了一組專門討論影視與歷史研究關係的論文，本書開篇就提及的海登•懷特的〈書寫史學與影視史學〉一文，就登載於此。

值得注意的是，美國歷史協會在全國人文學基金會的資助下，開展了一項專門的研究計畫，其結果是出版了一套輔助材料，它包括《影視片的歷史分析》、《以影視幫助歷史教學》二書以及一部可供放映兩小時的電視紀錄片，幾種精選的歷史影片，這些資料對鼓動歷史學家從事影視史學的工作是大有裨益的。

美國史學界的第二大學術團體，即美國歷史學家組織所辦的《美國歷史雜誌》，也早在八〇年代中期便開始了對於歷史電影的評論。此外，在歷史教學中，一些教師也樂於在教室中播放歷史影片以輔助教學，產生了良好的教學效應。在國際間，致力於推動影視史學的國際學術組織有 International Association for Audio-visual Media in Historical Research and Education（簡稱IAM-

HIST)，該團體除定期舉辦學術研討會，參加者除有專業史家外，尚有各級學校的歷史教師，其發行的雜誌*Historical Journal of Film, Radio and Television*也甚有影響力。

自一九八八年海登•懷特自創「影視史學」這一新名詞後，關於影視片史學價值的討論，不僅在美國學術界引發了激烈的爭論，而且也很快地在非歐美學術界激起了回響，我們在這裡只談及海峽兩岸的情況。

關於影視史學，在海峽兩岸台灣學界是先行者。在九〇年代上半葉舉辦的幾次歷史教學與視聽媒體研討會上，廣泛地涉及到影視史學，討論了以影視輔助歷史教學等問題。一九九一年九月，中興大學教授周樑楷在歷史系開設影視史學，翌年，在台灣政治大學舉辦的大學歷史教學研討會上，周教授就該課程的主題、內容與教材作了報告。數年來，周樑楷在這門新課程的建設上，不斷革新，立意要達到這樣的教學目標：認識影視歷史文化的變遷、探討影視與當代人文思維的關係、建構影視與新史學的理論和實際。周樑楷還不時在《當代》月刊上發表有關論文，如於一九九二年發表的〈銀幕中的歷史因果關係：以「誰殺了肯尼迪」和「返鄉第二春」爲討論對象〉，隔年又撰〈辛德勒選民：評史匹柏的影視敍述和歷史觀點〉，以若干歷史影片爲討論對象，從史學理論與西方史學的學科視角，對影視史學的若干方面作出了很透徹的分析。此外，《當代》月刊在一九九三年就電視片「太平洋世紀」（美國版）與「太平洋風雲」（台灣華視版），曾邀集有關學者作了專題座談，對影視史學的許多方面作了廣泛的討論，其中不乏眞知灼見。但就總的情況看來，正如周樑楷所說：「影視史學是否名副其實，成爲一門知識，有獨特的論述領域、材料和方法，能和其他學門（如思想史、經濟史、台灣史……等等）同爭一席之地，更値得反省和檢討。」（〈影視史學與歷史思維〉）

在大陸學術界，自實行改革開放政策以來，大門洞開，西方各種帶新字號的史學門類也紛至沓來，但對於影視史學的引入，則是晚近以來的事。自筆者在一九九六年發表〈影視史學：歷史學的新領域〉一文後，曾陸續收到不少讀者的來信，也在大陸學人中引起了濃厚的興趣與廣泛的回音。與此同時，筆者又在復旦大學歷史系高年級學生的「現代西方史學」選修課上，講授影視史學，並就影視史學的產生、特徵及其學科前景，開展課堂討論，讓同學們根據議題報告自己的學習心得，然後展開討論，同學們發言積極，課堂氣氛極爲活躍，收到了非常好的效果。

在該課程的期末開卷考試中，我以評述「影視史學」爲題，要求學生用自己所看過的歷史題材的影視片爲例，對它作出廣泛的評論。批閱答卷，年輕學子對這一史學新品種的評論，新見迭出，躍然紙上，這裡摭拾一二，以見一斑。

石裕雄同學說，影視史學的優越性是顯而易見的，因爲它在複製「影視的敍述文本」時，把書面的文字歷史轉化爲一種視聽圖像，力圖把一種歷史的眞實轉化爲影視屏幕上的藝術眞實，使觀衆一方面從影視本身這門藝術作品中享受到藝術的審美感受，體會到一種藝術眞實，同時又能使觀衆在觀看影視片中，觀照歷史，思考歷史，體會到一種歷史眞實。以二次世界大戰爲題材的歷史影片「紅櫻桃」就是範例。

張力群同學寫道，以歷史爲題材的影片，如「火燒圓明圓」、「垂簾聽政」，以其恢宏的氣勢與鮮明的人物形象，生動地再現了那一段歷史，那透過畫外音所抒發的對歷史的興嘆我至今還能背誦，影視片在一個時間點上，將歷史與現實重合了，現在的問題不在於影視史學是否有生命力，而在於影視史學怎樣做到使自己有生命力。

劉金華同學這樣認爲，影視史學的勃發是一個全新的過程，它體現了現當代新史學思潮中的一種趨向，一種從精英史學向大衆史學轉變的趨向，同時又是新敍事史以現代科技爲載體的表現。大衆史學是面對社會大衆產生出的大衆效應，它往往是大衆化的而非專業化與學術化的。

周兵、李霞同學則對「影視史學」提出了疑問，他們認為：現在所謂的「影視史學」也只不過是一些帶有歷史題材的影視作品而已，它無法與史學相提並論，至少就目前的情況看來，一些影片雖與歷史有關，但很難說它屬於「影視史學」的範疇，作為一門新學科的建設，影視史學看來還有許多的工作要做。

事實顯示，不管年輕的學生們對影視史學的看法如何，但從總體上看，他們對這一新事物是抱著積極態度的，對它的發展前景也是持樂觀態度的；更為重要的一個共同點是，當老師為他們提供一種以學術心態探討此類新問題的機會時，他們的才智與熱情就會像山泉那樣，噴發而出了。

結　語

現代社會在前進，現代史學也在發展。我們堅信，在世界現代化浪潮的衝擊下，歷史學不能被淹沒，這是因爲，從它對社會大衆的生活來說，「歷史遠遠不是與人民的生活毫不相關，而是至關重要。」（卡爾·戴格勒：《重寫美國史》）從它對學科的建設而言，正如巴勒克拉夫所指出的，「如果沒有歷史學——也就是說，如果僅僅簡單地從現在的狀況去對人類進行思考，而不是從人類全部時代的各個不同時期的生存狀況去對人類進行思考，社會科學就不完整。只有歷史學才能爲我們提供理解各個時期的社會進程和社會制度如何發揮作用所需要的認識能力。不過，這必須是富有科學精神並且有明確的社會目標的歷史學。」

不管怎樣，正如我們在前面所說的，在實現現代化宏偉事業的今天，歷史絕不應該成爲一個被人們遺忘的角落。只要歷史之樹是長青的，那麼歷史學就注定不會枯萎與死亡。不是嗎？影視史學所展示的克麗奧的當代形象，是歷史學跨學科發展趨勢的結晶，是歷史學與其他學科交融匯合的成就，是歷史學現代活力的象徵。

爲了塑造好克麗奧的當代形象，爲了影視史學的下一步的發展，在當前，我們應做一些奠基性的工作。就目前所想到的，筆者不妨列舉如下幾點：

首先，積極開展歷史影視片的評論工作。在一部歷史影視片上映前後，介紹歷史背景知識，分析事件的性質與人物的特徵，揭示歷史影視片的歷史意念和歷史精神等，優劣得失，條分縷析，以幫助觀衆消化和汲納歷史影視片所要表達的主題。對於這一工作，過去認爲那是文藝評論家的事，而歷史學家卻作壁上觀。爲了發展影視史學，這種情況是需要改變了，歷史學家應當變被動爲主動，把評論工作作爲自己的份內事，認眞參與，積極投入。

其次，歷史學家也需要學習，接受新知識。在這裡，主要指的是對電影電視的理論和知識。從現實的狀況看來，極大多數的歷史學家對影視理論與特徵的瞭解十分匱乏，爲此，像美國歷史協會那樣，制定一項專門的計畫，出版一套有關的輔助材料，或舉辦有關的專題講座，都是行之有效的幫助歷史學家「補課」的好辦法。在當代，歷史學家其實再也不能固守自己的一隅之地而把一切現時代的新東西拒之門外了，對影視也應如此。

再次，在學生中廣泛開展影視教育。在這裡，這種教育不僅包括大學生，還包括中小學生，在現時代這個高速發展的訊息社會中，應當教會各級各類學校的學生正確地利用影視傳播媒體，以使從中獲取與選擇可靠的訊息資料。如英國王妃黛安娜殞命之後的一段時間內，在國際互聯網路上所提供的鋪天蓋地的訊息資料，如果不具備一些最基本的影視媒體方面的理論知識和實踐能力，對此，就猶同是霧裡看花，水中撈月，不知所措了。由此，我進而想到在跨世紀的國民素質教育中，進行視聽啓蒙，學會分析與處理影視圖像資料的能力，這應當成爲每個公民所受的國民教育的一個組成部分。

關於在課堂所進行的歷史教學，尤應重視影視傳播媒體的運用，使枯燥乏味的歷史變得生動起來，還歷史原本就色澤鮮艷、豐富多彩的本來面目，這更是需要加以大力推進的一項工作。

最後一點還是對歷史學家說的，那就是歷史學家不僅要積極投入歷史影視片的評論，並且可否再跨進一步？在這裡，這「跨進一步」，主要說的是歷史學家不僅僅滿足於當歷史影視片的「顧問」，而且要拿起筆投身於歷史影視片的創作，辭掉「顧問」去當編劇，像五、六〇年代的郭沫若、吳晗那樣，去寫《蔡文姬》，去寫《海瑞罷官》，敢於破門而出，把自己專業領域內的熟悉題材，用文學的筆法表現出來。杜正勝院士也這樣說過：「我主張歷史學家如果有機會，應該參與一兩部歷史劇的製作，對自己的學術研究必有助益。」（〈從歷史到歷史劇〉）當一家電視台邀請他策劃「孔子的故事」電視劇時，他也「破門而出」，毅然接受了。

但從目前的情況看來，史家參與歷史影視片的製作，仍不盡如人意。如拍歷史電視片「武則天」或「秦始皇」這類題材時，唐史專家與秦漢史專家卻往往袖手旁觀，而讓一些並不深諳此段歷史的小說家、戲劇家去舞文弄墨、憑空想像，這種大衆史學非史家化現象與史家的非大衆史學化現象，我以爲總是不正常的，也是一個令人遺憾的缺欠。

在這裡，不由讓人們想起六〇年代初漫畫家華君武的一幅漫畫：「何不下樓合作」。在那幅漫畫中，一位歷史學家在批評戲劇家：「你不瞭解歷史！」而一位戲劇家則批評歷史學家：「你不瞭解藝術！」華君武用漫畫的形式形象地表達了他們下樓合作的必要性。三十多年過去了，漫畫家的「何不下樓合作」的吶喊，在今天仍有其現實意義。

克麗奧女神已走完了一段漫長的路，從古代走向現代，從傳統史學走向新史學，從精英史學走向大衆史學，走向日漸興旺、日益廣佈的影視史學……，不管前程多坎坷，不管道路多崎嶇，克麗奧之路是指向未來的。在未來的歲月裡，歷史學必將在預測未來、改造現實、開發民智、啓迪人生等諸多方面發揮出不可移易的巨大作用。克麗奧女神將帶領我們繼續前行，我們沒有理由徘徊、止步、後退，沿著克麗奧指引的方向行進，歷史學的發展前景一定是璀璨的，就本書所論述的影視史學，也可作如是觀。

至所嚮往！

參考書目

1. 《沉淪與覺醒》，上卷《讓歷史告訴未來》，郭偉成著，下卷《鴉片戰爭》文學劇本，朱蘇進、倪震、麥天樞、宗福先編劇，上海文藝出版社，1997年版。
2. 卡洛琳·M·布魯墨：《視覺原理》，北京大學出版社，1987年版。
3. 鄧燭非：《蒙太奇原理》，北京廣播學院出版社，1988年版。
4. 浦安進：《中國敍事學》，北京大學出版社，1996年版。
5. 周曉明：《中國現代電影文學史》，高等教育出版社，1985年版。

6. 張成珊：《中國電影文化透視》，學林出版社，1989年版。
7. 潘秀通、萬麗玲：《電影藝術新論》，中國電影出版社，1991年版。
8. 王光祖等主編：《影視藝術教程》，高等教育出版社，1992年版。
9. 陳飛寶編著：《台灣電影史話》，中國電影出版社，1988年版。
10. 烏利希・格雷戈爾：《世界電影史》，中國電影出版社，1987年版。
11. 李恆基、楊遠嬰：《外國電影理論文選》，上海文藝出版社，1995年版。
12. 杰弗里・巴勒克拉夫：《當代史學主要趨勢》，上海譯文出版社，1987年版。
13. 伊格爾斯：《歷史研究國際手冊》，華夏出版社，1989年版。
14. 張廣智：《西方史學散論》，台灣淑馨出版社，1993年版。
15. 張廣智、張廣勇：《現代西方史學》，復旦大學出版社，1996年版。

影視史學

文化手邊冊 40

著　　者☞張廣智
出 版 者☞揚智文化事業股份有限公司
發 行 人☞葉忠賢
登 記 證☞局版北市業字第 1117 號
地　　址☞台北市新生南路三段 88 號 5 樓之 6
電　　話☞(02)23660309　23660313
傳　　真☞(02)3660310
郵政劃撥☞14534976
戶　　名☞揚智文化事業股份有限公司
印　　刷☞偉勵彩色印刷股份有限公司
法律顧問☞北辰著作權事務所　蕭雄淋律師
初版一刷☞1998 年 10 月
初版三刷☞2005 年 10 月
定　　價☞新台幣 150 元
I S B N☞957-8446-86-1
E-mail ☞yangchih@ycrc.com.tw
網 址 ☞http://www.ycrc.com.tw

本書如有缺頁、破損、裝訂錯誤，請寄回更換。
版權所有　翻印必究

國家圖書館出版品預行編目資料

影視史學 = Historiophoty / 張廣智著. –
初版. -- 台北市：揚智文化, 1998 [民 87]
面 ； 公分. -- （文化手邊冊；40）
參考書目：面
ISBN 957-8446-86-1（平裝）

1. 影視史學

601.6 87010040

當代大師系列

◎ 一套深獲好評的絕佳叢書 ◎

戰後的二十世紀，是西方思想界豐富多變的時期，標誌人類文明的進化發展，故抓住當代西方思想的演變脈絡以及核心內容，應是昂揚我們當代意識的重要工作。自八〇年代以來，台灣知識界相當努力的引介「近代」和「現代」的思想家，這對於知識份子和一般民眾起了相當程度的啓蒙作用。

因此，我們針對在台灣知識界尚未有專書或探討的不完整的思想家，其人或是開創一代學派，或是具有承先啓後的歷史意涵，以及思想理論具有相當獨特性且自成一格的「大師」，而出版了「當代大師系列」。此叢書的企劃和問世，除繼承了先前知識界的努力基礎，更希望能藉這一系列的入門性介紹書，再掀起知識啓蒙的熱潮。

李英明、孟樊、王寧、龍協濤、楊大春/編輯委員

生智文化事業有限公司/出版

啓蒙好書 📖 值得一看

❒01	德希達	Jacques Derrida	楊大春/著	NT:150 元
❒02	李歐塔	Lyotard	鄭祥福/著	NT:150 元
❒03	羅　逖	Richard Rorty	張國清/著	NT:150 元
❒04	傅　柯	Michel Foucault	楊大春/著	NT:150 元
❒05	詹明信	Fredric Jameson	朱　剛/著	NT:150 元
❒06	海德格	Martin Heidegger	滕守堯/著	NT:150 元
❒07	維根斯坦	Wittgenstein	趙敦華/著	NT:150 元
❒08	希　克	John Hick	林　曦/著	NT:150 元
❒09	拉　岡	Lacan	王國芳、郭本禹/著	NT:200 元
❒10	薩伊德	Edward W. Said	朱　剛/著	NT:200 元
❒11	哈伯瑪斯	Jürgen Habermas	曾慶豹/著	NT:200 元
❒12	班傑明	Walter Benjamin	陳學明/著	NT:150 元

文化民族主義

文化手邊冊 35

作者：郭洪紀

策劃：孟樊

定價：150 元

在當今世界，

文化民族主義已經成為一種強勢性的

政治潮流，

它的潛在影響力，

不僅導致了分裂半個世紀之久的

中歐大陸的重新組合；

也促進了一度牢不可破的

東歐帝國之迅速瓦解。

這股強勢性的政治潮流，

亦將取代或加強東西方原有

意識形態的對抗，

成為新的文化融合或文化衝突的根源。

本書的出版，

盼為臺海兩岸未來的走向

提供一深思的基礎。

新制度主義

文化手邊冊 36

作者：王躍生

策劃：孟樊

定價：150

經濟學在經歷了兩百多年的發展後，已日益成熟，但也日益顯出遠離經濟現實的偏向；而當下許多正值經濟制度轉型的國家，向新制度主義討教的次數卻越來越多。作為新自由主義流派的一支，此一新起的經濟學——新制度主義究竟有何魅力，可以得到近二十年來空前的發展與關注？甚至接二連三獲得諾貝爾獎？這些問題在本書中，均可找到清晰明確的答案。本書是台灣有系統地首揭新制度主義經濟學的頭一本著作。

讀者反應理論

文化手邊冊 32
作者：龍協濤
策劃：孟樊
定價：150

讀者反應理論是廿世紀中後期在接受美學思潮中發展起來的一門新文學理論，構成當代西方文學批評的基本走向。以讀者為中心的讀者反應理論適應當今人文精神回歸、人的主體性張揚的時代要求。本書簡明扼要但又系統性介紹該理論的觀點、理論淵源、主要代表人物以及發展前景，對於一般讀者和專門研究者都能引發閱讀興趣。